回到罗马做主人 2

RELEASE YOUR INNER ROMAN

［古罗马］马尔库斯·西多尼奥斯·法尔克斯（Marcus Sidonius Falx）
［英］杰瑞·透纳（Jerry Toner）著　高瑞梓　译

目 录

作者寄语　　　　　　001
评述者寄语　　　　　　003

第一章
　罗马人的英勇　　　　005

第二章
　征服你的情绪　　　　023

第三章
　爬上云端　　　　　　049

第四章
　罗马式恋爱　　　　　077

第五章
　　经营家庭　　　　　103

第六章
　　寻欢作乐　　　　　131

第七章
　　充满活力　　　　　161

第八章
　　神助自助者　　　　189

第九章
　　万古长青　　　　　217

延伸阅读　　　　　　　229

作者寄语

我是一个罗马人,是征服了这已知世界的英雄民族中的一员。我还是个颇有成就的罗马人。我的祖先在战场上赢得了荣耀,而我,则以在罗马军团中的出色服役继承了这一传统。皇帝是我的密友,最近赐予我执政官的地位和价值数百万赛斯特斯的庄园。在生活的其他方面——从赚钱,到挑选妻子,再到求神明庇佑——我同样一丝不苟。没有人比我更有资格来告诉你如何以罗马的方式获得成功了。直到如今,你们这些野蛮人还是得承认被罗马人的伟大成就所折服。但就算是野蛮人也仍有提升自己的空间。这本手册就将告诉你,如何激发出深藏在你体内的罗马人气质。

这世上最需要这本书的人恐怕是杰瑞·透纳。他自己都没从罗马人那儿学到什么,还居然好意思把我们的成就教给你们?他本可以从罗马的英雄那儿学到一切,却跑去研究什么"普通"罗马人。他的家也乱成一团糟,他的孩子们在家里胡作非为,简直把他当成奴隶!他还任由他的妻子(原本可是个妙人啊)对他颐指气使,这要是换了任何端庄的罗马淑女可干不出来。我没法否认,他就是个活生生的例子,证明人要靠自己努力也是有极限的。简单来讲,就是他的体内释放不出任何罗马人的天性。不过,他这种丢脸的个例也不应该让其他读者因此被吓到。如果我的书能够通过他让更多的野蛮人读到,那他还算是做了件有意义的事。

马尔库斯·西多尼奥斯·法尔克斯
一月一日[①],于罗马

[①] 原文为拉丁语,Kalendis Ianuariis。——译注

评述者寄语

能够再次和马尔库斯·西多尼奥斯·法尔克斯合作，我勉强说，很是荣幸。他是个超凡卓绝的人物，从来不会对自己的信仰有一丝一毫的怀疑。在他眼中，罗马人当然是地球上生活过的所有居民中最伟大的，也是最成功的。不过，他的观点能在多大程度上代表全体罗马人，对此学界仍有争论。但无疑通过他的观点，我们得以洞察大多数罗马上层人物的看法，即罗马之所以伟大究竟是因为什么。

罗马社会从来就不相信人人平等，地位才是一切。无论是征服异邦、惩罚奴隶，还是竞选族长，罗马人都极其尊崇等级尊卑。他们用尽全力提升自己的社会地位，这也让马尔库斯成了最理想的人选，来告诉我们如何在现代社会的激烈竞争中获得成功。罗马人毫不在意炫耀他们的财富和权力，成功和炫耀是相辅相成的。从举办大型的竞技比赛，到拥有数量众多的奴隶，再到在宴会上纵情欢饮，罗马人将这种挥霍仅看作是功成名就的简单指标。马尔库斯是带领你一窥罗马奢靡生活的最好人选。罗马人有着清晰的目标,并且为了达成这一目标,会采用极度高效的手段。这种直截了当取得所需的方法,适用于从谈恋爱到挣钱等人类生活的所有范畴,至今仍对我们有指导作用。

马尔库斯是罗马帝国的子民。我不清楚他具体的生活年份,但他的观点似乎反映了帝国早期,也就是公元1—2世纪的一些特征。当然,接下来的观点并不是我自己的。在让广大非罗马读者过目之前,我也是犹豫再三。我希望通过这些文字,读者们能看到法尔克斯笔下的罗马人和现代人仍有着显著的相同点,就算他们所看重的特性与今天的励志书籍已完全不同。罗马人居住的世界尚属艰难,人命短暂而廉价,大多数人无法享受到充分的个人自由和发展。因此,是否要在生活中采纳法尔克斯的这些建议,我将留予读者自己决定。每一章的最后,我都会附加一段短小的评述,将法尔克斯的话放在当时的历史语境中解释,试图削弱他夸张的作态和糟糕的自圆其说。在书的最后,我还会附上延伸阅读的书籍列表,指导想要进一步探索的读者找到话语背后的原始出处和现代学术讨论。

杰瑞·透纳

2016年10月,于剑桥

第一章

——

罗马人的英勇

第一章 罗马人的英勇

数十年前，罗马人挣脱了君主制的枷锁，将不可一世的君主"高傲者塔克文"（Tarquin the Proud）[①]驱逐出境。伊特鲁里亚国王拉尔斯·波希纳（Lars Porsena）见此良机便率军包围了罗马城，试图复辟塔克文，将共和国扼杀在摇篮中。然而，在目睹了罗马人前所未有的英雄壮举后，入侵者也不得不相信自己永远无法得逞。接下来，你将看到几个展现罗马人品格的绝佳例子，就是这些品格使得他们成为世界上空前成功的民族。

第一项壮举出自一位年轻罗马贵族，盖伊乌斯·穆修斯（Gaius Mucius）。围城持续了几天，城内食物越来越稀缺，仅剩的一点儿粮食，价格也一路飙升。罗马好不容易摆脱了讨厌的君主，却遭到伊特鲁里亚人的包围，而一想到他们曾是罗马的手下败将，穆修斯就义愤填膺。他打算英勇一搏来报仇雪耻。穆修斯决定孤身挺入敌军营帐刺杀他们的国王。再三考虑后，他担心如果没有经过执政官的特许贸然行事，就会被罗马卫兵发现并逮捕，以为他在罗马最需要的时候当了逃兵。

所以穆修斯去了元老院。"元老们，"他高声说道，"我决定要游过台伯河，到敌军的营地里去干一票大事。"元老们一致同意他的义举。于是穆修斯把长剑

[①] 罗马王政时期第七任君主，公元前509年被革命推翻。——译注

藏在长袍中，出发了。到达敌军营地时，刚好是敌军发军饷的日子。士兵们正围在御帐的四周等待发钱。穆修斯挤到人群最密集的地方，看到有两个人坐在御用的高台上，问题来了，他们穿着很相像，甚至看上去一模一样。其中一个肯定就是国王，但另一个却是他的仆人。当然了，穆修斯可没法问哪个是国王，因为这样做就露馅了，只能凭运气去猜。穆修斯冲向那两个人，一剑朝最近的那个刺了下去。他还想刺杀第二个人，却很快就被拿下。遗憾的是，此时幸运之神并没有垂青他，他杀死的只是国王的仆人。穆修斯被带到了国王面前。

即使是最危险的时候，穆修斯仍意志昂扬，虽然他心里也害怕得很，但还不忘恐吓敌人。"我是一名罗马公民。"他毅然说道。"我叫盖伊乌斯·穆修斯，无论是我杀死敌人，还是被敌人杀死，我都视死如归！罗马人的天性之一就是英勇无畏，就算饱受折磨也不会张口求饶。我也不是一头独狼，在我的身后，有无穷无尽的罗马人，和我一样用一腔热情维护罗马的荣耀。所以波希纳国王，你必须做出决定。是不是想要继续和我们为敌，让你余生的每一天、每一刻都苦战不休？而且你根本想不到，将有前赴后继前来刺杀你的人。这就是我们罗马要向你发起的战争！"

国王勃然大怒，面色发紫，但一想到针对他个人的暗杀也吓得不轻，就威胁穆修斯说，如果不交代罗马对自己究竟有什么阴谋,就活埋他。穆修斯冷笑一声说:"你擦亮眼睛看看,我们罗马人为了荣耀是可以不惜一切代价的。"随后把右手伸进了旁边火盆的火焰中。他一动不动,一声不响,甚至头上也没有一颗汗珠,就站在那里,任由手被火舌舔舐。国王惊奇地跳了起来,命令卫兵将穆修斯拉开。"你没有伤到我一根毫毛,自己却重伤至此,"国王被打动了,"如果你是我的士兵,我一定对你大加赞赏,但你现在是俘虏,我也只能用送你回罗马的方式褒奖你了。"面对他的宽宏大量,穆修斯回答说:"本来无论你用任何酷刑我都不会吐露一个字,但看在你钦佩我勇气的分上,我就直接告诉你。三百名正值盛年的罗马人都决心要暗杀你。这任务先落在我头上,但他们会一个接一个地来,直到命运赐予良机让我们亲手杀了你。"

想到还有上百次的暗杀,心神不宁的国王只得派遣使者去罗马求和。穆修斯自己也回到罗马,元老院把台伯河西岸的土地赏给了他,这片地方后来就被称为穆修恩草甸(Mucian meadows)。罗马人民也亲切地把穆修斯叫作"左撇子",来纪念他失去的右手。

我要给你们讲的第二位真正的罗马人叫作豪拉提乌斯·科克莱斯(Horatius Cocles)。穆修斯不屈不挠,烧掉自己的手以明志,同样,很多罗马人也自愿与敌人决一死战,尽管有时这意味着死亡。但为了解救罗马同胞和共和国,英雄们不在乎牺牲自己的生命。

波希纳国王包围罗马期间，豪拉提乌斯·科克莱斯正在台伯河对岸的前线和两名敌人鏖战。突然，他见敌军增援部队正大批涌来，担心他们会挺进台伯河桥，进入城内。科克莱斯回头命令身后的罗马军队赶快下桥，切断支撑的绳索。军队奉命行事时，科克莱斯却站在桥的入口，以一己之力拦住敌人的大军，尽管身上已千疮百孔。连敌人都为他的坚强、耐力和勇气震惊。绳子一被切断，桥就掉到了水里，身着沉重盔甲的科克莱斯也随之跳到水中，宁可淹死自己，也不愿被敌人生擒。他不曾考虑自己的安危，心中只有祖国，也希望能为继承他名字的子孙带去荣耀。

　　罗马之所以伟大，是因为在榜样的影响下，罗马年轻人都受到激励，纷纷仿效穆修斯和科克莱斯等先辈们的高尚之举。你们这些生活在颓靡、富足年代的人能从罗马的伟大楷模那里学到什么？如何又能将其中原理运用到自己的生活中，朝他们的方向努力？课堂中的所学无法回答你，但这本书可以。

　　你问，可以成为和穆修斯一样伟大的人吗？要我说，当然可以。诚然，你不可能用他那种过火的方式来证明勇气，但这也不代表你就注定软弱和失败。如今这无道的世间连男人也缺少魄力，命运将你投生在此，你仍有机会展现内心的刚强。你还可能会因身上野蛮人的血统感到耻辱。所有人的行为都或多或少受到祖先的影响，你无法摆脱家庭出身的限制，但一个人真正的闪光点是他自己的性格。美好的性格能够获得荣耀和名声，影响力远甚财富。罗马人就一直努力培育和发展个人的美德，将荣耀视作一种习惯，因此我相信底层的奴隶也可以被教好。

实际上，关于下层人出人头地的例子数不胜数。之前，在我意大利中部的庄园中有个被铁链锁住的奴隶。我很快发现，他重活干得很好，人也讨我喜欢，所以我就提拔他做了监工。很多年的忠诚服务后，我放他自由，也赏了一些土地。现在这个底层奴隶——他朋友叫他"农夫"——成了自己小家庭的主人，还拥有很多个奴隶。

甚至连外邦人也可以被塑造成罗马皇帝。神圣的图拉真是罗马最聪明、最受敬仰的君主之一，曾带领军队击垮了达基亚人，最远东征到幼发拉底河，收缴的战利品得以建造以他名字命名的图拉真纪功柱，还被元老院授予"最佳元首"的称号，难道他不是来自西班牙的外邦人吗？

图拉真成功的秘诀是什么？简而言之，就是内心之虔诚。以虔诚之心对待生活的人，在追求更高成就的路上将所向披靡。说实话，真正虔诚却没有获得成功的人，我还真没见过；换句话说，我也从没听说过任何不虔诚的人成就斐然，积财万贯。从这两个事实我得出以下结论：在自身发展中，虔诚是最重要的，远比普通学校里教的重要得多。

虔诚是什么？简而言之，就是一股驱使我们对父母、国家、神明尽忠尽责的内在力量。虔诚的根源在于父亲凌驾于孩子的绝对权威。是罗慕路斯[①]赐予了百姓这种权利，只要父亲在世就一直有效。父亲们因此有权囚禁、鞭打，用铁链拴住儿子，只要父亲觉得他应该如此。如果父亲认为儿子应该去农场历练，那儿子就要去；如果父亲觉得女儿该嫁人，那她就应该照做。在过去，父亲还可以杀掉自己的孩子，甚至把他们送去做奴隶。所有人的成功都应最终归功于他们的父亲。

如果说我性格中还有些许瑕疵，假使有人指责我贪婪、小气、荒淫，那也是拜我父亲所赐。他深爱家乡的土地，却鄙视那里学校的教育，便把我赶到罗马去学习一个贵族儿子应该掌握的技能。如果你那时见过我，一定认为我是个放荡的富家公子：因为我父亲不惜金钱，给我穿最好的羊毛托加，教我如何举止得体。有这样的父亲，我要还不满意那一定是疯了。当然了，我说这些也不是想和很多人一样为自己辩护，把自己的缺点都归咎于他。实际上恰恰相反，若时光倒流，能让我自行选择父母，我还是会选择他们。

当父亲的确不容易。有时候必须以国家利益为重。

[①] 罗慕路斯（Romulus，约前771—前717），罗马城的缔造者，王政时代的第一位君主。——译注

尽管和自然的情感本性相违背，一些官职在身的罗马父亲还是必须处决自己的儿子，因为他们把国家利益看得比亲情还重要。伟大的卢修斯·尤尼乌斯·布鲁图斯（Lucius Junius Brutus）就是一例，他是罗马共和国最初的建立者之一，发起了放逐高傲者塔克文的起义，被选为第一批执政官。某次，一群试图复辟国王的密谋者被押上刑场，他正好担任监刑官，而那群罪犯里有他的两个儿子，提图斯和提贝利乌斯。这群富裕的年轻贵族仗着恩宠在王政时代为所欲为，因为国王总罩着他们。现在，法律面前人人平等，他们左右受限，抱怨说共和国把他们变成了奴隶。国王可以对他们网开一面，但法律却不会任他们摆布。于是，他们和前国王密谋，想让他重登王位，但有人告发了这一计划。贵族们被判处杖刑，然后砍头。铁面无私的法律还要求由执政官来施加刑罚。最不应该在场的人却是最应在场的人。

这些年轻贵族都被绑在柱子上，但观众都没有看他们：所有目光都盯着执政官和他的两个孩子。执政官坐下后，执法吏开始用刑，用棍子猛打年轻人裸露的背部，然后把他们一一斩首。在整个行刑过程中，这位父亲面容扭曲，泣不成声，这是他真实情感的流露。然而即便如此，他的内心却更加坚定，决心履行自己的职责，监督完整场处决。

正是这种坚定让罗马人建立起了庞大的帝国。一个优秀的领导人会把任务放在第一位。不可否认，正是科克莱斯坚定不移的勇气和穆修斯的忍耐力帮助他们最终活了下来。幸运总会眷顾勇敢的人，正如风向和海浪会助力最有技巧的水手。只有决断力和责任感才能造就真正的领袖。只要你一声令下，人们就会跟随你上刀山，下火海。正如有人问大西庇阿[①]，为什么他如此自信他的军队可以在北非土地打败迦太基人，他说："因为我知道，只要我开口，我的士兵就会从高塔跳入海中。"

失败的原因就有很多了。有些人出身不幸，无法逃脱他们的命运。还有一些人出身良好，但成长环境却不尽如人意。有一些人缺乏目标和野心，而其他人则缩手缩脚，迟迟无法行动。有些人遇人不淑，遇不到贵人相助。尽管如此，失败最大的原因也许还是你没有让别人甘愿为你付出的能力。很多人想通过恐吓来强迫他人听从命令，但俗话说，一滴蜂蜜比一加仑苦胆汁能抓到更多的苍蝇。只有当人们把你当作榜样，受到你的激励、尊敬你时，才会不顾自身利益去为你做事。

目前为止我只是在说男人，但罗马女人身上也有

[①] 大西庇阿（elder Scipio，前235—前183），古罗马统帅和政治家。第二次布匿战争中罗马的主要将领之一，以在扎马战役中打败迦太基统帅汉尼拔而著称于世。——译注

很多值得蛮族女性学习的地方。一般来说，女人所能拥有的美德远少于男人。她们很难涉足新的领域去做尝试，因为她们生活中的机遇比男人要少得多，所掌握的也只是家务活要求的那些一成不变的技能。正因如此，对优秀女性的赞扬显得既简单也老套：形容她的美好根本用不着很多词语，这些词语也谈不上新颖。而且，当女人们做的好事都大同小异时，只表扬这个群体就足够了。尽管如此，有些女性仍然出类拔萃，值得对其个人进行褒奖。我母亲就是再好不过的例子。在谦虚、高尚、贞洁、贤良、织羊毛、勤勉、忠诚这些方面，她和其他出色的女性没有不同，但她的德行与智慧也毫不逊色。她对丈夫忠心耿耿，对孩子也能一视同仁（我是她和第二任丈夫生的孩子，我的父亲早已去世）。

在和波希纳的战争中已经涌现出了两位罗马英雄，女性也在这其中散发着光辉。实际上，穆修斯的壮举也激励了一些女性为大众的荣耀而勇敢付出。和国王波希纳停战后，罗马被要求将一群由男孩女孩组成的人质移交给对方，以表诚意。但人质中一名叫克洛利亚的女孩从敌营逃了出来，还带上了其他女性人质。一开始她们骑马逃跑，然后又在敌军投掷的、如雨点般的长矛中游过了台伯河。这过程中没有一名女孩受伤，克洛利亚把她们都送回家中。人质逃走被发现后，波希纳要求单独把克洛利亚送回来，罗马同意了。不过，和穆修斯一样，她一回来，波希纳就被她的勇敢深深打动，同意她在剩下的人质中挑选一些人，放他们自由，跟随她一起回到罗马。克洛利亚只选了男孩，让他们继续为国战斗。鉴于她在履行公民职责上的优异表现，罗马人给予她一项通常只授予男人的荣誉——为她在神圣大道上树立了一尊骑在马上的雕像。

不论你是男人还是女人，想要取得伟大的成就，就必须按德尔菲神庙上所镌刻的那句话来做，那就是"认识你自己"。你要知道自己的弱势是什么，需要如何改进，然后制定目标，逼自己实现它。你想成为监察官或执政官吗？想拥有人数众多的奴隶吗？想有一位贤淑的妻子吗？这本书都会帮到你。

要提升自我意识，改善表现，你就不能什么都不做。罗马成功的秘诀有其代价，而它带来的好处会让你觉得付出是值得的。这代价，就是你坚持不懈的努力。我活得越久，就越确信弱者和强者之间仅是能力的区别，在于一种不计个人所得、想要赢得荣耀的不变决心。君主也不例外。有一名女子总是缠着哈德良，要他听取民意，哈德良说他没有时间，女子只是回答："那就别当皇帝了。"认真学习本书，你就能知道要过上罗马人的生活，需要做什么。我问了我熟识的上百个富人和一些有权势的罗马人，是什么为他们带来了成功。读完这本书，你也能像他们一样思考。

和穆修斯一样，你也不能给自己留后路，必须奋力一搏，不流露出一丝脆弱。只有有荣耀意识的人才会得到荣耀，你的大脑必须填满了对荣耀的渴望，以至于能轻易想象到你已达成目标的景象。你必须用对待敌人一样严苛的态度来约束自己。伟大的尤利乌斯·恺撒在乌克斯罗杜那姆城（Uxellodunum）围攻高卢残部，下决心确保在他总督任期结束后，行省中再不会发生叛乱。恺撒在围城的高墙四周部署了兵力，并在用以放置攻城塔的坡道上假意发动进攻，声东击西。他命令围墙四周的军队发起冲锋呐喊来迷惑高卢人，让他们以为罗马人将要对围墙发动攻势。但高卢人不知道，此时罗马工兵已经在高卢人用作水源的泉水中挖了一条沟渠，成功将水源引出。意识到身处绝境后，高卢人很快投降，恺撒也接受了，但却没有遵循惯例把幸存者处决或卖作奴隶。相反，他把所有过了参军年龄的人的右手切了下来，让他们永远不能拿武器对抗罗马主人。他还把这群断了右手的人分送到行省各地，让所有高卢人都看到发动战争对抗罗马的下场。

所有伟人都必须做出艰难的抉择。对君主来说，砍人脑袋简单得就像狗坐下一样。他必须警惕一切阴谋，甚至敌人可能就在他的家人中，所以他要随时做好准备处决身边最亲近的人。神圣的克劳狄乌斯杀掉了他的岳父、两个女婿、他女儿的公公（长得和克劳狄乌斯简直一模一样，像篮子里的两个鸡蛋）、斯奎柏尼亚（他女儿的婆婆），还有他的妻子麦萨琳娜等数不胜数的人，都是没有经过正式审讯就被处死。但是克劳狄乌斯仍能和诸神位列于奥林匹斯山。这就是为了获得至上的荣耀而不择手段。

我们罗马人生来就要统治世界。其他民族也许可以制作精美的铜器和大理石雕像，比我们有更雄辩的口才，更能正确了解星辰的运行，但罗马人的命运正是以至高的权威统治这些人。罗马人能制定法律和制度，维护和平。我们对臣服者宽宏大量，同时痛击那些反抗的傲者，这就是罗马的专长。

帝国也让我们变得更为富裕，若忽视这一事实对今日生活造成的影响，未免太过愚蠢。我们罗马人最清楚如何把生活过得有滋有味。不论是在浴场中放松，还是欣赏惊心动魄的角斗士表演，罗马人都知道怎么把钱用得恰到好处。我们掌管财富，而不会让财富控制我们。通过罗马早期历史的先例，你们可以知道，想要成功，应该采取哪种态度。这本书还会告诉你，成功后又该如何应对它所带来的财富和荣誉。

我们也应乞求生活赐予一些磨难。无论什么出身，任何人都有机会积累财富。但只有伟大的人才能处理好生命之中的灾难和恐惧。如果你生活优越富足，从没体会过一丁点儿的沮丧，那你的人生体验是不完整的。你可能会觉得自己很了不起，这本书还可能会让你更了不起。但如果命运不给你展现美德的机会，又怎么能说明你的伟大呢？就像你身在奥林匹克的赛场却没有对手。你虽然赢得了桂冠，却并没有赢得胜利，更别提赢得荣耀了。不经受历练的人永远不会真正了解自己，也不会清楚自己的能力。你应该做好自愿面对风险和危机的准备，这样就能够让你深入了解自己。真正的伟人热爱斗争，正如勇敢的士兵热爱在战场上厮杀。你应该像特里安弗斯（提比略统治期间的一流角斗士）那样，抱怨没有旗鼓相当的对手。"再没有赢得荣耀的机会了。"他哀叹说。伟大需要风险来成就。你只需要去想结果，而不要在意路上的艰难。士兵们会为伤口感到自豪，会向人炫耀溅满鲜血的胸甲，同样，你也必须笑对生活中的磨难，只有这样，你的闲适生活才有价值，才显得名正言顺。只有这样，你才会因得到的荣耀而备受敬仰。也只有这样，你才释放出了你内心中的罗马人。

— 评　述 —

根据传说，罗马建立于公元前753年4月21日。接下来的两个半世纪，是罗马的王政时期，直到大约公元前509年，一场起义爆发，推翻了国王高傲者塔克文的统治，建立起共和国。这一时期的许多史实细节在几百年后才得以被记录，真实性有待商榷。

所以，我们不妨抱着怀疑的态度去看待这些罗马的英雄事迹。法尔克斯在此还有意忽略了一点，即罗马很可能被邻近城邦克鲁萨的国王波塞内占领过。不论是真是假，罗马人都喜欢传播这些故事，来重温罗马当年的锐气。正是保持了这种劲头，罗马征服了周边许多的城镇和人民，并慢慢在罗马附近的拉齐奥地区（Latium）树立起权威，随后将势力扩展到范围更大的意大利半岛。

征服意大利半岛仅仅是开始。共和国于公元前27年结束后，尤利乌斯·恺撒的养子屋大维成了第一位罗马皇帝（后来的奥古斯都），罗马的领土也从英吉利海峡延伸到了黑海，从北非直至叙利亚，是今天英国国土的二十倍，人口则达到了六七千万。无论以何种标准来衡量，尤其在前工业革命社会的环境下，罗马都是一个庞大无比的国家。

成功自然会带来财富。金钱、权力和人口迅速涌入罗马，彻底改变了当初的那个农业社会。君主手中有大把的钱财可以挥霍，用以兴修建筑、举办大型公共演出、免费派发食物、提供诸如大型皇家浴场（卡拉卡拉皇家浴场就是现存的最好例子）之类的休闲设施。这也改变了罗马人的身份意义。罗马人必须学会如何应对迎面而来的奢靡享乐之风，重中之重就是不让曾引领他们打下帝国的军事理想消沉。但维持这之间的平衡却并不容易。很多保守主义者就针对罗马社会中新出现的"软懦"之气进行了尖锐的批评,但大多数罗马人似乎很乐于随时随地享受成功带来的果实。"左撇子"穆修斯的壮举,还有最能展露严厉父爱的布鲁图斯的事迹,对罗马人来说既是一种鼓舞,也是一种鞭策。

穆修斯的故事来自李维的《建城以来史》(*History of Rome* 1.2.12-1.2.13),豪拉提乌斯·科克莱斯的事迹,则见波利比乌斯(Polybius)所著的《历史》(*History* 6.64-6.65)。李维还在《建城以来史》一书中讲述了布鲁图斯处决自己儿子的故事。法尔克斯提到的那位成功的奴隶"农夫",则源于《拉丁铭文集》(11.600)的记载。关于虔诚的定义,见西塞罗所著《论修辞学的发明》(*On Rhetorical Invention* 2.22.66)。关于女人所拥有,或有机会展现出来的少数美德,则明确记载于一则墓碑铭文上(《拉丁铭文集》,6.10230)。法尔克斯对于他父亲的感激则是基于贺拉斯的《闲谈集》(*Satire* 1.6.65-1.6.88)写成。本章中提到克劳狄乌斯做出的一连串可怕行径,实则来自塞内加的讽刺小说《克劳狄乌斯变南瓜记》(*The Pumpkinification of Claudius*),讲述这位被神化的君主因行为不端在奥林匹斯山上接受审判。此外,维吉尔在《埃涅阿斯战纪》(*Aeneid* 6.847-6.853)中对罗马的可贵之处做了著名的论述。塞内加在《论天命》(*On Providence* 4)中说道,若要体验完整的一生，则必须经受不幸。他自己也求仁得仁，被曾教导过的尼禄皇帝逼迫自尽。

第二章

征服你的情绪

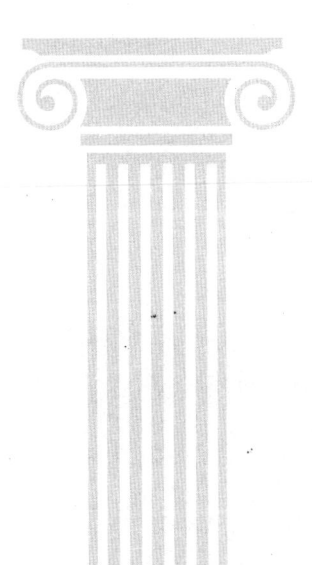

只有学会像罗马人一样思考，才能活得像个罗马人。罗马的成功得益于军事上的强盛，而想要在军事上所向披靡，就必须有严明的军纪。想改进你野蛮人的作风，首先就要打造出一股内在的坚韧气质。

打胜仗绝不是只靠将军手下的兵力和士兵的蛮勇那么简单。战术技巧和军规才是成功的保证。罗马之所以能征服世界，就源于长期的军事训练和对军营纪律的恪守，还有对战术细节一丝不苟的专注。若不是这几点，人数较少的罗马军团又怎么有机会战胜高卢军队的浩浩人马？平均身高不足6罗马尺①的普通士兵又怎能对抗金发魁梧的日耳曼部落？西班牙军队的人数比我们多，体格也比我们健壮；而以拥有的财富和计谋论，我们也不及埃及人。至于希腊人，我们的学识永远无法与他们匹敌。尽管有这些弱势，罗马人还是确保他们招募的是最精良的士兵，在军事训练上也付出了非凡的心力。他们不断进行各种实战演习来磨炼士兵意志，并深知其重要性，为士兵上战场做好准备。专业知识提升了士兵的胆量，他们也渴望这些精心教授的知识能有用武之地。将军总是把最危险的任务交给最优秀的士兵，比如夜间伏击、攻打戒备森严的驻地，进入敌区侦查等。被选中的士兵也将这当作是最高褒奖。就拿斯巴达人来说，父亲们会在大庭广

---

① 古罗马计量单位，1罗马尺约为29.7厘米。——译注

众下鞭打自己的孩子，以此考查他们的气概；而将军则鼓励士兵们勇于承受伤痛，在他们已撕裂的皮肉上再施刑罚。几名饱经战火的老兵就能打败一支生疏无知、不成规矩的大军。新兵蛋子会畏惧流血受伤，但老兵却知道，要取得胜利，流血正是代价之一。

罗马帝国的崛起不是偶然。罗马人很清楚，懒散就是纪律的天敌。因此，尽管处于漫长的和平时期，罗马人的军事训练也从未停止。这些训练在每处细节上都和实战一样有着严格要求。每名士兵每天都要进行高强度的训练，只为达到一种效果，即就算战争真的爆发，也没有人会感到慌乱。长途跋涉和持久作战，这些劳累对罗马军人来说是小菜一碟。近身肉搏也没什么可怕，因为说白了，罗马士兵的日常演习本就是"滴血的训练"。

罗马士兵身强力壮，训练有素，不会被敌军的突然反击所吓倒。罗马大军刚踏入敌国领土，会在巩固军营防御前避免正面迎战敌军。如果扎营的地面不平整，他们会先铺平地面，然后军队中的大批木匠会树起防护栏。随后又相隔同样的距离建起瞭望塔，在间隔中布置好投掷箭、石子和其他投掷物的军事器械。军队还会在营地周围挖一圈宽度和深度都是4腕尺①的沟渠。正方形营地的四边各设一扇大门，大小足够运

---

① 1罗马腕尺大约为44.37厘米。——译注

输牲畜，并方便军队快速撤离。营地的墙内空间由几条街道划分，正中央就是千夫长的营帐。营区内还划分为士兵营帐、铁匠营帐和军需仓库等不同部分。

军队向下被分为更小的连队。每个连队都得管好自己的事务，如供应木材、水源和粮食，每件事都以小单位进行。连队士兵们一起吃饭，安排好睡眠时间以便轮流站岗。军队中的所有事务都以军号为准。每天，将军都会发布暗号，防止任何敌人进入要塞，随后又下达其他命令，通过高级军官传给百夫长，然后传到士兵耳中。这种指挥链很好地管控了每个人要做的事情，且在战斗中一有需要就可以快速协调。

战斗中的罗马士兵会为一切不测做好准备。军队每做好一个决定就会即刻执行，这意味着他们几乎不犯错误，即使犯了错误也能快速纠正，因为事先都有备份计划。所以，若计划没有如愿奏效而导致错误发生，罗马人并不会为此懊恼。他们宁愿像这样失败，也不愿因考虑不周，莽撞行事而侥幸成功。一时的头脑发热才需要祈祷好运降临，而周密的计划却不然。如果计划周全却失败，你也会因自己已经充分努力而不留遗憾。

开展军事训练时，罗马人会强化士兵的灵魂，而不仅仅是他们的身体。士兵们也会在恐惧的磨炼下为战争做好准备。法律规定，任何在战场上抛弃同袍逃跑的士兵都会被处决。作风懒散也可能会被判死刑。

罗马将领恪守法律，对军队所有人都一视同仁，但他甚至比法律更加严格，所以一旦没有达到被寄予的高要求，士兵们都知道是什么样的命运在等着自己。但是除了大棒，也会有胡萝卜。将军们会对在战斗中表现极为英勇的士兵赐予巨大奖赏。以上这些都说明军队是处于指挥官的全权领导下。在战斗中，军队全体如整体般行动，可以迅速调度，对指令做出反应。无论什么行动，他们都会立刻去做，快速完成。无论遭遇什么困难，他们都会以最强的耐性和耐力去对待。因此，罗马所有的征服都是理所应当的，没有一次是依赖于运气。鉴于罗马在军事计划、军队组织和军队纪律（这也是重中之重）上的水准，也无怪乎我们帝国的版图能够从东边的幼发拉底河延伸到西边大海，从南部利比亚的肥沃土壤延伸到北边的莱茵河、多瑙河。我可以毫不夸张地说，我们的帝国有多庞大，我们罗马人就有多伟大。

很少有罗马士兵达不到这样的高标准。就像我说的，任何纪律上的松懈都会带来严酷的惩罚。战斗中如有士兵违反命令，哪怕是打了胜仗也会被处决。一直以来，还有一种更为残忍的刑罚，专门针对在战斗中不遵守罗马军纪的队伍：即十一抽杀律。犯下大错的队伍会被选中接受这一酷刑。队伍被分为十人一组，每组抽签决定一人被其他九人处决。任何军衔的人都可能被抽中，而一旦抽中，便不论犯了什么罪都会被战友杖杀，被石头砸死。活下来的士兵在一段时间内也只能吃到劣等口粮，比如是大麦而不是普通的小麦。他们甚至还被迫扎营在军营戒严范围之外，以示和军队的距离。

十一抽杀律的首次施行是在国王被放逐后的二十年。那时年轻的罗马共和国正和沃尔西人①开战。比起赢得战争，罗马士兵们似乎更想被打败。这些战士鄙视他们贵族出身的千夫长，而对方也同样讨厌他们。士兵对将军恨之入骨，可就算受到了残暴对待，他们还是用最懒散和固执的态度来做事，以此作为反抗。如果将军要求快速行进，他们就拖慢脚步；将军命令他们干活，他们就索性不干。简直就是一群被狮子领导的倔驴啊！

战斗的命令将士兵们集结，可一面对沃尔西人他们拔腿就逃，躲到军营里。士兵拒绝迎战，眼看着敌人真的打进了防护墙，并开始屠杀队伍后面还没来得及躲进军营的人，这逼得他们开始战斗，把差点儿就得逞的敌人逼退出最外围的防护墙。虽然一场灾难由此避免，但也很清楚地表明，罗马士兵只关心他们的军营，对他们而言，罗马战败谈不上是羞耻。

一位千夫长阿庇乌斯不愿意放弃这群乌合之众。

---

①Volsci，活跃于公元前5世纪的古代意大利民族，与罗马共和国为敌长达百年之久。——译注

他想把军队召集起来然后怒斥一顿,但其他军官警告他不要试图施威,尤其此时他的指挥权尚依赖于军队服从的意愿。军官们说,如果只是被训斥一番,士兵们并不会买账。阿庇乌斯决定暂时放下骂人的念头,觉得照这么做军队迟早要遭报应。第二天,他反而命令士兵们步出军营。沃尔西人很快袭击了罗马队列后方,全员顿时方寸大乱。士兵们在剧烈的恐慌下已听不到任何指挥,也无法保持队形,甚至罗马军旗也不见了踪影。所有人都往军营里跑,脚下践踏着他们死去战友的尸体和丢弃的武器。

　　罗马士兵总算重整了队伍,阿庇乌斯便把他们集结起来狠狠训斥。他们算什么军队?他说,目无军纪,连军旗都能给弄丢?每个丢掉武器和军旗的士兵,和每个擅离职守的军官都面临被鞭打然后砍头的刑罚,剩下的士兵,则每十人中抽一人来施行十一抽杀律。从此,罗马军队再也不敢脱离军纪和军令的保护擅自战斗了。

　　军纪严明的军队自然战无不胜,但也会带来一种新的危险:骄奢淫逸。罗马人征服了土地,变得愈加富裕,有能力购买包括衣服和食物在内的所有奢侈品。他们不再满足于盘中简单的食物,而是沉迷于不断精致的珍馐。正如老加图所说,当一条珍稀的鱼卖得比一头牛还贵,那这座城市还能安稳多久?但没人会听他的。老加图还说过,跟一个没长耳朵的肚子是没什么好谈的。所有人关心的事就只是接下来又会吃到哪种珍奇食物。

老加图所警告的事发生了。奢靡之风的确开始感染军队。小西庇阿[①]来到一座军营视察，目光所及无不充斥着奢侈，这些只会让军队意志消磨，产生骚乱。他下令把所有的算命者和妓女赶出军营，并发布命令说，一名士兵所能拥有的餐具就只是一只陶罐、一把叉子和一件陶制水杯。他还禁止士兵洗浴，说一个男人应该自己搓澡，不需要别人按摩。士兵们被禁止在晚宴上斜躺，而宴会食物只允许有面包、粥和水煮的肉。唯一允许的奢侈品是，如果士兵有需要，每人可以带一只不超过两磅重的银酒杯。小西庇阿自己也在巡视的时候只穿一件普通的黑色披风，自称是在为军队丧失的荣耀而哀悼。

再没有什么比奢靡更为害人。总是泡脚，并习惯在有地热的地板上行走会让一个人的双脚变得娇嫩，这样的人根本穿不了鞋底有防滑钉的军靴，更不要说一天走上50千米的路了。一切过度都有害处，但过度舒适的害处最大——它腐坏人的心智，虚荣用它温柔的谎言玷污了为人之真谛。

[①] 小西庇阿（Scipio the Younger，前185—前129），罗马共和国著名将领，曾带领罗马大军攻陷迦太基和努曼提亚，是大西庇阿的外孙。——译注

奢侈也削弱你的意志。你必须在磨炼双脚的同时磨炼内心。如果不学会控制情绪，你就无法做出为达到成功而必须进行的艰难抉择。内心脆弱之人不可能征服别人，让他们臣服于你，向内心的情绪让步也只会让你无法完成职责。我记得有一次，罗马大军在劫城时遭到了城里人的抵抗，结果后来几千名罗马武装士兵冲进城墙。城内的居民，无论地位和年龄，都被无差别杀戮。一旦抓到年轻女人和英俊的青年，劫掠者便想占为己有，而被俘者往往在挣扎中被撕成碎片。一些士兵折磨居民，逼他们说出钱和宝物藏在哪里。战争的恐惧到处弥漫：处女和处男遭到强暴，孩子们被从父母怀抱中夺走，而母亲们只能屈从于胜利者的意愿。庙宇和家园遭到洗劫，血流成河，火光四起。总而言之，到处都是断裂的手臂、尸体、血污和哀号。

混乱中的一切罪行都无人追究。烈火在房屋和庙宇中肆虐，屋顶坍塌的巨响响彻空中，四处都是刺耳的尖叫。居民们在惊慌中盲目乱逃；一些人被铁链拴住带走，在一生为奴前想再拥抱一次所爱之人。还有那些母亲，绝望地想留住孩子，随后被士兵打晕。你可以编造出任何恐怖的故事，但都不会比这战争的现实更可怕。

不过，我们罗马人向来认为，只要结果正义便可以不择手段。城内居民在暂时的痛苦后臣服于罗马法律，也享受到了很多好处。短暂的战争带来了长久的和平，和平带来贸易，贸易带来财富，很快，城市就繁荣起来。几年后我碰巧回到这里，见这城市发展得相当好，一座精美崭新的圆形剧场即将完工，城内有精心铺就的街道，还有一座壮观的、树立着皇帝雕像的广场。

当然，自然法则中还有一项不可避免的内容，那就是大自然有时会在某地收回恩典——庄稼便会歉收。接着，你就会见到许多雷同的悲惨场景：农夫和市民纷纷挨饿。在对待这些灾民时，也务必要控制好情绪。我记得一次我经过正闹饥荒的卡帕多细亚行省，无数的人躺在城中奄奄一息，郊外就更不用说了。小麦的价格飙升，听说一斛小麦要2500赛斯特斯才能买到。一开始，人们会变卖他们心爱的珠宝，但每个人都这么做后，珠宝的价格急剧下降。穷人只得去吃那些只能提供一点点营养的食物，比如草、橡子做的面包。很多人的健康每况愈下，他们要么嚼着小缕的干草死去，或饥不择食被有毒的植物毒死。很多灾民想要逃到附近据说没有遭灾的地区，但是却没有足够的干粮来支撑他们走完旅途，所以灾民经常在路上就昏死过去。其他人不停地向神明献祭，恳求天降神助。一些出身良好的淑女被饥饿所迫，不得不做出羞耻的行为——在集市上乞讨。其他女人甚至更糟糕，她们向士兵，甚至是任何人出卖肉体，只为换取一小口面包。还有相当多的父母把一两个孩子卖作奴隶。

在饥荒早期，富人还是很慷慨的，他们会发放救助粮。可正如俗话所说，饥饿使人说谎，人们想出了各种手段夸张事实，只为劝说富人开展救济。一开始富人们确实伸出了援手，但随着饥荒规模扩大，他们也惊讶于乞丐数量是如此巨大，在发了数不清的救济粮后，富人们开始换上铁石心肠，不再有同情心。如果富人想要活下来，也要保存他们的所需。一些饿得发疯的人开始对城里的官员发怒，抗议食物短缺，他们指责城里最有钱的市民，说他们在粮仓里囤积粮食，以便抬高价格发饥荒财。官员们只能逃到乡间庄园躲避，在那里他们有充足的存粮来维持一大家子的生计。剩下的灾民只能慢慢饿死，他们的皮肤萎缩、变黑，神情呆滞可怕，失去理智般地瞪大双眼。一些人日渐残损，活像鬼魂，还有一些人在死前仍大喊着想吃一点儿食物。市集和小巷里尸横遍野，尸体的衣服也被人扒光拿去卖钱换吃的。人们无法也无力为亲人举办体面的葬礼，尸体暴露在外面很多天没法下葬，腐烂得让人不忍直视。一些尸体还被狗吃了，活人也开始杀狗，因为他们害怕动物发疯开始吃人。很多人开始吃狗，还有谣传说有人会吃死人肉。

不仅对待饥饿的穷人要铁石心肠，在家中，你也千万别掉入女人的诡计陷阱。老话说："不要相信女人，除非她死了。"你也不应该相信愤怒妻子的眼泪，女人哭的时候，眼泪中会设有埋伏。过于宽容的丈夫很快就会发现自己被妻子玩转于股掌之中，而通常应该是反过来才对。同样，对于奴隶也是如此。谚语说得好："聪明的奴隶，分走你的权力。"如果你听凭奴隶利用你的弱点，没多久你就得跟在他们屁股后面转。

　　让我再和你重申一遍我在《回到罗马做主人》中教你的内容。你必须不惜一切代价维持秩序，不要害怕随时施威。要是奴隶对你嬉皮笑脸，不尊重你，那就惩罚他。如果你认为自己动手不大体面，可以叫市政代理人帮你执行。他们收费很合理，打奴隶一顿只收4赛斯特斯，他们还备有绳子和绞刑架。你只要注意别惩罚过头就行。一些主人对于奴隶的态度和行为很是过激，尤其对那些逃跑了又被抓回来的奴隶，主人会用铁链锁住他们，无情地鞭打，甚至砍掉奴隶的双手双脚。这些主人被愤怒冲昏了头脑，从而失去了自控力。刑罚应该根据罪行和法律规定来执行，如果奴隶罪该被发配到矿上，你就不该为他在那儿受到的非人待遇而自责。

　　理智必须一直统治着头脑。奴隶无法创造产值的话你就必须卖掉他们。如果他们生了病，那就给他们机会康复，然后把他们卖了。你必须管理好奴隶的配置，确保家生奴隶和买来的奴隶人数之间的平衡；确保有待培养的年轻奴隶和可提供经验的年长奴隶人数之间的平衡。有时候你还要做一些艰难的决定，比如卖掉几个你奴隶的孩子，虽然这种情况要尽量避免——因为这会让奴隶对你产生怨恨——但有时候这样做好处更多,此时就必须让理智占上风。

对奴隶来说,学会控制情绪是一条曲折的道路。他们不敢向主人吐露自己的真实想法,这就是寓言发明的原因。奴隶不能公开表达他们的所想,所以就通过有趣的故事委婉地表达自己的心意,从而避免责罚。与大家所知不同,这些寓言并不是伊索的原创,尽管大众更熟知他的名字——似乎赫西俄德①才是第一个写寓言的人。寓言特别受头脑简单、没受过教育的读者欢迎,他们只看故事的表面,只要觉得有趣就予以认同。因此,据说墨尼乌斯·阿格里帕(Menenius Agrippa)就是用了一则四肢和肚子争吵的寓言让平民和罗马贵族和解。平民抱怨富人拿走了本该属于他们的一切,但是却没有创造价值。寓言说,就算是大腿和手臂做了所有的活,也要依赖肚子为他们提供干活的能量。可见,每一个元素都是彼此需要的。

相比之下,我们自由民(任何读到这里的奴隶也可以看,为你们渴望已久的未来自由生活做好准备)就少了个严厉主人来对我们施加约束,我们必须学着控制自己的情绪。首先,相比要控制已经在体内成形的情绪,拒绝沉浸于过激情绪要容易得多。就像对待

---

① 赫西俄德(Hesiod),活跃于公元前8世纪的古希腊诗人,作品有长诗《神谱》《工作与时日》。——译注

疾病，一旦这种情绪已经把你捏在手心，你的抑制力就使不上劲了。其次，你应该明白，只要心智远离情绪就可以被保持在可控范围内，一旦它被激情感染，大脑就无法阻止人们做理智时不会做的事。大脑成了情绪的奴隶。处于这种状态的人就像一名被扔到了塔尔皮亚岩石[①]的奴隶：他身不由己，也无力阻止即将要发生的事。所以，如果心智一头扎进了愤怒、爱情和其他情感中，就再也无法阻止它的堕落。

　　最好的行动方案就是在愤怒初露苗头时就扑灭它。一旦怒火将我们奴役，就很难回到正轨。我再说一遍，敌人必须被阻挡在大门口：一旦愤怒攻入了大脑的堡垒，就不会再尊重它的俘虏了。说句不谦虚的，我自己比这种被情绪奴役的人要崇高得多——我是为伟大命运而生的。我将身体视作一个缓冲区，这具肉体会受到重击，产生伤痕，但我不允许任何伤害侵入我的灵魂。即便我的身体生活在危险之中，但无论发生什么，我的灵魂都保持了自由。我也不会任由肉体之欲望驱使我说谎，去采取高贵者所不屑的态度。如果必要，我还会和肉身切断联系，勇敢赴死。当我被迫和肉身共存时，我与他也不是平等的关系，灵魂才是裁决一切纷争的法官。

[①] 位于意大利卡皮托利尼山，古罗马人认为是被神诅咒的悬崖，是罗马人处置窃贼、叛国者等重罪犯的地方。——译注

蔑视肉体是通向个人自由的必经道路，但是，接受命运的重击也一样是殊途同归。灾难是生活的正常部分。一个真正的人，有能力去轻松面对生命中难免的问题。在岁月静好的时候过得好并不能算多大的本事，就像俗话说的，"平静的海上谁都能当舵手"。不过，对于那些在困难面前表现过激的人，我们也要克制住同情心。我记得罗马爆发过一次食物短缺的危机，这次危机并不由饥荒引起，只是因为逆风耽误了几艘运粮船的航期，但这足以引起供给已断的恐慌谣言，引发了众多囤积行为，加剧了问题的严重性。人们坐立不安，聚在一起讨论要推翻国家，甚至在夜晚到处张贴告示抱怨政府，这些都造成了城内的骚乱。君主当然不愿再忍下去，他悬赏征集始作俑者的情报，很快就有人通风报信。最后，直到粮船最终停靠在奥斯蒂亚①，不安才得以平息。君主举办了一些角斗表演，表面上是为了庆祝粮船到达，但其实是想要将平民从他们不振的情绪中带出来。

当然，也有一些危机时刻，人们理应得到帮助。比如在提比略时期，在罗马附近的费德那（Fidenae）有一座粗制滥造的木结构圆形剧场，由当地一名叫作安提利欧斯的不良商人承建。当时剧场内正上演一场角斗表演，但表演过程中剧场坍塌了。早前皇帝曾下

---

①Ostia，古罗马帝国的港口。——译注

令禁止角斗，解禁后民众观看表演的热情空前高涨，有五万人涌进这座脆弱的建筑。两万人在事故中死去，活着的亲属为了这些面目全非、无法确定身份的尸体争吵不休。受伤的人数也数不清，大家族便敞开大门广施援手：他们不论身份，为来者提供包扎和医疗服务。所有观看表演的人也得到了长期救助。这场事故由一位贪婪的平民而起，因此元老院下令，未来只有骑士阶层才能举办这种表演，因为他们地位崇高，不易被庸俗的贪念所蛊惑。元老院还下令，所有圆形剧场都应有牢固的地基。

摧毁了庞贝城和赫库兰尼姆城的维苏威火山爆发便提供了一个很好的例子，足以让优秀的人展现内心品格。老普林尼当时正在米塞姆港（Misenum）附近指挥舰队。他晒着太阳，准备等下去洗个冷水澡再带领舰队出发，火山爆发的时候他正在写书。在学术好奇心的驱使下，他出发前去调查火山，但是收到了一位贵族女性拉提娜的求救信，她的家就在山脚下，她被困住了，只有乘船才有生还的机会。拉提娜害怕极了，恳求老普林尼将她从悲惨的命运中拯救出来。老普林尼立刻改变了计划，一开始他只是出于探究精神前往现场，但最终却成就了英雄之举。他下令战船出发，亲自来到甲板。这片可爱的海滩上人口众多，除了拉提娜，他还想拯救更多的人。悲剧的是，这位伟人在船靠近海滩时被掉下来的建筑物残骸砸中，不幸牺牲①。

　　他的外甥小普林尼当时正和母亲留在家中。他舅舅的朋友从西班牙赶来，催促他们逃走，说这是老普林尼所希望看到的。一开始，这位年轻人拒绝逃难，他勇敢地说，只要舅舅还生死不明，他就不会顾及自己的安危。母亲哀求小普林尼快走："年轻人还能逃得出去。"她说，"我老了，动作迟缓，只要知道我不会拖累儿子，我就可以平静地死去了。"小普林尼还是拒绝弃母亲而去，但眼见房子即将倒塌，他决定带上母亲逃跑，一路拉着她飞快逃离。他们终于跑到了远离建筑物的安全地方，回头只见身后大地晃动、海洋正被吞噬，好像被地震节节逼退，海洋生物都搁浅在了陆地上。

　　当然，纵观历史，这些灾难不值一提。我之所以和你们说这些，只是想强调灾难也可能会带来好事。当恐慌四起，城市崩坏没于尘土；当大地摇动，人群被挤压碾碎，多数人会胆战心惊，这毫不奇怪。剧烈的恐惧让很多人变得不理智，或者转而投入迷信的怀抱。当恐惧与宗教苟合，打击着本应理智的内心，你就会发现从未有如此多的末日预言。在极度紧张之下，人很难保持智慧的头脑，只有最清醒理智的人才能控制他们的情绪。不要害怕被暴露在紧张面前，因为这样我们就可以学习如何更好地对付它。水手的身体在

---

① 也有一种说法是被火山喷出的气体毒死。——译注

大海考验下被磨炼得更加坚韧；农夫的双手被体力活打磨得更为坚硬；投掷标枪则会让士兵的双臂更为健壮，同样，你也可以通过最戏剧化的不幸来强韧你的心智。你还可能学着笑对危难。我的一位朋友曾在航海旅行中遭遇了猛烈的暴风雨。一想到可能发生的不幸，他的奴隶吓得直哭。"不要哭，"我这朋友安慰他们，"在遗嘱里我会放你们所有人自由。"

死亡很快就会造访你，或者击倒你某一位家庭成员。你的同情心应留给最亲的人。很多年以前，我失去了心爱的儿子马尔库斯。我在他身上寄予了最高的期望，他也是我晚年所有的希望。对我来说，他的死是一大打击，在很长一段时间里没有什么事情能让我开心。失去他就像失去了我的双眼。我无意在你们面前自揭伤疤，但你们可以从我的自我控制中学到很多东西。直到现在我都无法忘记他迷人的脸颊，和他说话时口齿不清的可爱样子，我还记得他才华的初次闪现和他强大的头脑。对他来说我就是一切，正如对我来说他也是一切。他将所有的爱都给了我，他喜欢我更甚于喜欢他的保姆、祖母、他的兄弟姐妹，甚至甚于他亲爱的母亲。我以我悲痛的心发誓，以他离开的灵魂发誓，以我每天都会前去祈祷的他灵位上的神明发誓，我从未在任何人身上看到如他这样的才华。他学习的速度，自主工作的能力，还有他温和虔诚的天性都让我感到天妒英才，似乎这世上有一种邪恶力量，以让拥有巨大潜力的人早逝为乐,且不愿看到我们的快乐超过上天赐给凡人的极限。

马尔库斯在方方面面都表现优异。他拉丁语说得极好,能读准每一个希腊字母,如同他的母语一样。他的言行举止里蕴含着未来不可限量的成就。他的品质更是可贵:勇敢、高贵以及能承受恐惧和疼痛的坚强。他在长达八个月的病痛中表现得多么勇敢,就连医生也被他的坚强折服。到了最后的时刻他还在安慰我。即便在神志不清的时候,他的思绪还是回到了他所上过的课程和他在学校里学到的知识。他死了,我的希望也一同死去。我抱着他那冰冷苍白的尸体,在这样的年纪,他的事业本应刚刚开始,他本有可能登上国家最顶尖的职位。

我希望我在余生里能和他一样坚忍不拔。我们必须在生活中找到目标来忍痛活下去。智者告诉我们,文学可以为逆境中的我们提供真正的慰藉,所以我开始写作。女人们也可以通过命运赐予的艰难展现内心价值。我想起了阿利亚(Arria)的故事,她的丈夫凯基纳·帕埃图斯和儿子都身患重病,且两人康复的希望都很渺茫。儿子先行去世——他拥有出众的相貌和谦逊的品格,就算不是他父母亲生的孩子,也一定会得到他们的宠爱。阿利亚为儿子安排了葬礼,并在没有告诉丈夫的情况下出席。当凯基纳问起儿子的情况,她甚至假装儿子还活着,说他感觉好多了,休息得不错，胃口也恢复了一点。当感到快被悲伤压垮的时候，阿利亚就跑出房间去大哭一场。一恢复冷静，她就回到房间，心情完全平复，像是把悲伤丢到了门外。在儿子死后，她仍能够继续像一位母亲一样生活，还有什么比这更能彰显女性的伟大和光辉呢？

为何悲伤能如此深深地撼动我们？我们又为何会因命运如此对待我们而震惊？你可以想象，你的心已麻木，世间万物皆是无常，都不值得一提。我们必须这样安慰自己，想想看，死者已远离了活在现实的痛苦。失去孩子很可怕，但是孩子要忍受这个世界却更难受。在拜访我位于阿非利加行省的庄园的航程中，有一件事真正地给予了我安慰。我航行经过迦太基和叙拉古，这两座曾繁荣过的城市现在都臣服于罗马。家中一个人生病而死我都如此愤慨，但为了占领这些伟大城市，有成百上千的人战死。我们都仅是凡人，都是只要一拳就可以杀死的凡人，可是有多少杰出的罗马人在帝国的征服中牺牲，我们又怎么能为孩子的死过度悲伤？如果可怜的马尔库斯那时没有死，他的生命也会在未来某刻停滞。我决定，要为他已活过的生命感到高兴，并记住我是法尔克斯家族的人，是一直以来给他人指导和启示的人。我也该按照我给他人的建议那样去生活了。

时间会淡化悲伤。如果你能够接受这一事实，就可以早日释怀。我不知道死者在地下是否还有意识，但是马尔库斯,他是这么的爱我,加上他对全家人的爱心,他一定不希望我们再悲伤度日。他希望我以崇高的尊严忍受失去挚爱之痛,这将会让已显赫的家族之名更添荣光。世间所有的河流注入大海都无法改变海水的咸度,再艰难的时刻也无法影响勇者的头脑。真正的男人会让理智保持平衡,在命运的困扰下也能一直将情绪掌握在手。毫无疑问,承受住命运的打击其实和憎恨命运一样容易。除此之外,命运也不能再拿我怎么样了。

— 评 述 —

罗马之成功毫无疑问得益于严明的军纪。无论是古罗马的作者还是被罗马征服之国的作者都在这一点上达成了共识。古罗马人的军事成就当然不仅仅因为他们的体格。我们无法确切知道罗马军人的平均身高。新兵会测量身高以确保满足最低要求,但具体是多少却不得而知。军事家维吉提乌斯(Vegetius)提到说,对辅助骑兵团和第一步兵团的士兵而言,最低高度限制是6罗马尺,相当于约5英尺10英寸,或173厘米,但这只是针对精英士兵的要求,并不代表平均水平。在罗马帝国的其他法规中,我们可以看到普通士兵的身高要求是不低于5罗马尺7寸,大约是165厘米,尽管所记载的不完全一致。对古罗马男性平均身高的估算则说法更多,比较可信的范围是162～171厘米。认为罗马招募士兵时会严格遵守某个精确数字的想法也许是错误的,相反,他们会招收一切高于平均身高的士兵,这样的话,军队看上去就较为伟岸。至于这要求究竟有多严格,无疑取决于征兵的需求有多迫切和前来报名的志愿者人数。在罗马帝国的和平时代,成为士兵非常诱人,因为有稳定的收入,退役后也有丰厚的报酬,此时征兵人员对于士兵的选择会更挑剔。而在战时或大瘟疫之后就鲜有人来应征,这时对于身高限制可能就会放宽。

李维在《建城以来史》(2.59)中记述了公元前471年,第一次施行十一抽杀律的情形。被杀人数的记载多有不同,但如果只是针对五百人的步兵团,那么就大概有五十人被杀:这算是多的了,但和军队全体比起来还是很小的一部分。在共和国后期,这种刑罚就不再被使用,但在公元前71年,罗马正和斯巴达克斯的奴隶大军缠斗,处于窘境中,将领克拉苏(Crassus)便再次恢复了这一酷刑。尤利乌斯·恺撒也在和庞培[①]的内战中以此刑罚威胁第九军团,

---

[①] 庞培(Pompey,前106—前48),共和国前三头同盟(另外两位是恺撒、克拉苏)之一。——译注

但没有最终实施。

关于罗马的军纪，见维吉提乌斯所著《论军事》（*Military Matters* 1.1），而约瑟夫斯（Josephus）的《犹太战争》（*The Jewish War* 3.71-3.97）一书则阐述了罗马-犹太战争中有关罗马军纪的内容。本章中关于劫城的细节是基于塔西陀（Tacitus）《历史》（*Histories* 3.33-3.34）中的描写，书中记载了克雷莫纳城在公元69年内战中被维斯帕先①大军摧毁一事。萨鲁斯特（Sallust）的《喀提林阴谋》（*Catiline Conspiracy* 51.9）和昆体良的《雄辩术原理》（*Institutes of Oratory* 8.3.67-8.3.70）中提到，演说家们讲述的有关城市被攻陷的故事已是陈词滥调，因此他们甚至建议说，如果大众能接受，编造一些细节也没关系。这体现出虽然罗马人对毁城故事早已麻木，但若故事足够悲惨，仍可能触动他们。

章节中关于饥荒的描写，是基于普罗科匹厄斯（Procopius）的《战争史》（*History of the Wars* 6.20.18-6.20.33）和尤西比乌斯（Eusebius）的《教会史》（*History of the Church* 9.8）。在食物短缺期间的生存策略，比如吃些不常被用作人类食物的谷物，则是根据加恩西在《古希腊罗马世界中的饥荒与食

---

① 维斯帕先（Vespasian, 9—79），本为罗马帝国军事将领，后在平定犹太行省叛乱后登上皇位。——译注

物供应：对危机和风险的回击》（剑桥大学出版社，1988）中的记载所写成。法尔克斯呼吁我们要控制脾气，见塞内加的《论愤怒》(On Anger 1.7, 3.24, 3.32)和《书信集》(Letters, 65.21-2)。有关惩罚奴隶的细节，见法尔克斯所著的《回到罗马做主人》。此外，在斐德罗（Phaedrus）的《寓言》(Fables 3 序言)，以及昆体良《雄辩术原理》(5.11.19) 中对寓言的发明做了阐述。卡西乌斯·狄奥（Cassius Dio）的《罗马史》(History of Rome 55.27) 记载了罗马在公元6年的那次食物短缺，而费德那的圆形剧场倒塌，则见于塔西陀的《编年史》(Annals 4.62-4.63)。维苏威火山爆发的细节记载于小普林尼的《书信集》(Letters, 6.16和6.20)。此类灾难为统治阶级提供了提升形象的机会，同时他们也要顶着很大的压力去采取措施。灾难来临时，国家的主要角色就仅仅充当了秩序维护者，这一观点见本人作品《罗马的灾难》(Roman Disasters)。

当时人民的寿命普遍短暂，对大多数家庭来说死亡再平常不过了。法尔克斯对于其死去儿子的记述，是参考了昆体良的《雄辩术原理》(6 序言)，他在序言中为妻子和两个儿子的死去写下了动人的篇章，这说明尽管罗马人早已熟谙残酷和死亡，在面对巨大的损失时却仍能感受和表达出强烈的情感。在西塞罗的《与友人书信集》(Letters to Friends, 4.5)

和塞内加的《论天命》（2）中，作者都对此种悲痛进行了抚慰。阿利亚的故事则是来自小普林尼《书信集》（3.16）。关于抚慰伤痛的文学作品，还有一个有趣的例子。最近，古罗马医学家盖伦（Galen）的一篇论述文重见天日。这一手稿被发现于一座希腊的修道院，名为《论避免悲痛》（*On the Avoidance of Grief*）。文中讲述了当盖伦所收藏的大量藏书、药品和医疗器械在公元192年的罗马大火中被毁后，他自己是如何应对悲伤的。

第三章

——

爬上云端

罗马，艳阳高照的一天，我和两位年轻时就认识的朋友共进午餐。我们已经很久没有见面了，自然都想知道这些年大家过得怎样。年轻的时候，我们各自的家庭在社会上基本拥有同等的条件和地位，但现在却不一样了：其中一人在一次又一次欠考虑的贸易中赔了个精光，另一人则靠着家庭庄园安静度日。而我，却在军队中混得风生水起，为君主效力。以财富、产业、地位来说，如今的我都要比他们好太多。你也同样应把更多的注意力放在提升社会地位上。对于提升地位来说，最重要的条件便是钱。无论你想要的是土地、奴隶还是政坛官职，都需要大把的钱。若你想要实现最大的野心，成为一名元老，就要使自己成为一个拥有百万赛斯特斯的富翁；若你希望跻身骑士阶层，就需要40万赛斯特斯的资金。不论你期望进入何种阶层，我都会告诉你该怎么做才能让你和家人生活得更好，并由此提升在社会上的地位。

让我从底层开始说。你得了解哪些行业适合绅士去做，有哪些行业是摆不上台面的，这很重要。

第一种不理想的工作就是税吏，不仅要直接和庸人们打交道，还得坑骗他们。第二种不入流的生计就是出租自己的劳力换取钱财，尤其是只涉及体力活。说白了，这些人的薪水就是他们实际受到奴役的象征。从事零售业的人也一样粗鄙，他们从批发商那儿购买商品，然后转头就卖给大众换取收益。如果不夸大商品的真实价值，他们就赚不到钱。没有比说谎更糟的行为了。

接下来就是做手艺活的，手工作坊和绅士完全不沾边。还有迎合他人肉体和感官愉悦的行当也叫人看不起：什么渔夫鱼贩子、屠夫、厨子，还有出售家禽的人。此外，制香水者、舞者和交际花也可以归到这一类。

我去过罗马帝国的众多地方，这其中，埃及的亚历山大港可谓是这些手艺行当最蓬勃活跃之处。那里居民的名声不好，的确如此：他们善变、不诚实，而且野心勃勃。不过这座城市非常繁荣，几乎没有人游手好闲。有吹玻璃工匠、造纸匠、亚麻织匠……甚至连瘸子、盲人还有阉人都有自己的工作，手有残疾的人也不会坐着虚度时光。钱是他们唯一的神，无论信仰什么宗教，他们都狂热地喜爱金钱。

对比一下手艺人和从事简单体力活的劳工的薪水，你就能明白，为什么对普通人来说学习一门手艺非常重要。没有技术的劳工一天只挣一个赛斯特斯，不论是在农场上劳作、驱赶驴子还是疏通下水道。相反，那些木匠和泥瓦匠赚的是他们的两倍——是的，一天实打实挣到两赛斯特斯。如果掌握了一门被富人青睐的手艺，比如壁画匠和铺设马赛克的匠人，就可以赚到这些数目的几倍。不过，你要当心那些抛弃祖上传统，转而从事更卑下、利润更可观的职业的人。

什么样的人才会在祖上是将军的情况下，自降身份去当歌者或者吹笛人啊？当然，我的意思也并不是说，从祖先开始就一直从事卑下职业的人应该被指责。事实上，这是很可贵的，他们才是甘于自己命运的人，不会妄想爬到更高的地位上去。不是每个人都可以从事比父辈更优越的职业，这样的话，社会上必须有人做的粗活就没人干了。

要求较高学识或服务大众的职业，如医药、建筑和教学行业，对社会阶级较低的人来说都算得上是合适体面。做小买卖很粗鄙，但如果是大规模从世界各地进口大量的原材料并广泛销售，又不存在欺诈性的误导售卖，那我们就不应过于苛责。实际上，若从事这些行业的人把眼光移出市场，将财富转而投到乡间庄园的运营中，就能收获更大的敬意。不过，所有行业中还是农业最好，因这是最有益、最让人愉悦的工作，也最适合自由人去做。

既然提到了钱，那么以下几条规则会对你有用。

● 不要入不敷出，那样你的财产会很快被消耗殆尽。相反，你应该保证收入有所盈余，并将其中一部分纳入资本，这样，在意外、灾难或者重大商业损失发生时就能够有所保障。

● 只投资那些你了解的领域。如果你对农业一无所知，也没有本钱去开拓土地，那就不要购买庄园。也不要购买过于分散的庄园,这样你就无法监管,就好像一个贪婪的人,吃的食物远超出他能消化的极限,然后只好又吐出来,得不到一点儿营养。

● 花钱的时候要避免卑鄙的行径。不要拒绝为你的亲戚、朋友或释奴提供帮助。你也不应该只购买生活基本所需物品。但是,你一定不能在满足个人欲望上过度消费,僭越了你所处的地位的标准。只有国王才需要珠宝,只有学者才需要书籍。

● 经商时你必须警惕那些名不副实的人。如果你听说他们在称自己的产品时用错砝码,或者扇顾客耳光、口出秽言,那就不要和他们有任何往来。

增益家产是你的分内责任,只要是通过光明正大的手段。我们常会遇到抉择的问题,必须衡量健康与财富哪个更重要,资金该用于维持产业还是用于个人享乐,什么时候荣耀的价值要比金钱更重,城里的房产是否比农庄收益更好。这让我想起了老加图的名言。当有人问他:"一座庄园要做到哪一点才能带来最多的收益?"他回答说:"把牛养好。""次一等呢?""把牛养得还算凑合。""再次一等呢?""把牛养得马马虎虎。""那收益最少的是什么?""种庄稼。"提问者又问:"放贷怎么样?"老加图说:"那我问你,谋杀又怎么样呢?"我们必须牢记,挣钱不仅仅是金钱交换，而应是有道德的行为，我们还必须以道德为准绳来斟酌对财富的管理。

老加图在实践中渐渐明白，种庄稼更像是一种休闲，赚不到什么钱。于是他把钱投入到风险较小的投资中。他购买池塘、温泉和其他被洗衣者频繁利用的地区，都收益巨大。他还参与过一种为人不齿的放贷行为，即资助商船：他要求借贷者成立一个大公司，凑齐五十个合伙人和五十艘船做担保后，他就在公司中拿一股。他不希望自己脏了手，也不愿意名声沾染上铜臭味，所以请了一位名叫昆提奥的释奴做代理人，由他监管所有的商业活动，以确保一切都公开透明。这样每一次航行中，老加图就只有一小部分的资金承担风险，而在整体的投资上他收获了大量的金钱。

经商能挣大钱。马库斯·李锡尼·克拉苏（Marcus Licinius Crassus）就积攒下了很多财富。他出身于贵族家庭，父亲以前是一名监察官。这位监察官也曾在伊比利亚半岛的卢西塔尼亚颇有成绩。但是这个家庭并不富裕，克拉苏和两个兄弟生长在一栋小房子里，逐渐萌生了对金钱的渴望。他甚至和一位名叫莉西尼亚的维斯塔贞女关系密切，只因后者在罗马郊外拥有一座迷人的别墅，他想要低价买走。最后，他还价成功，莉西尼亚把这处别墅卖给了他，这让他胃口大开。克拉苏的贪婪开始变得像无底洞，虽然手中的钱不过只有一点儿，他依然能通过最卑劣的手段敛财。他借着火灾与战争迅速致富，把灾难变成了金钱的孵化器。

独裁者苏拉①控制罗马后处死了许多反对者，克拉苏便低价买入原属于这些人的大片庄园。最重要的是，他注意到随着罗马城的面积扩大，城内火灾频发。所以一有火灾发生，他就冲到现场用极低的价格向周边业主收购房产。业主们害怕火灾蔓延把他们的房子也烧得一干二净，通常也就接受了。他不断采取这种策略，使罗马一大半的房产落到了他手中。

克拉苏拥有巨大的房产帝国，这并不意味着他就能享有宫殿般的宅邸。他拥有五百名奴隶来运营他的产业，但他只给自己建了一栋房子住。他还广泛投资银矿、农业和奴隶贩卖。他是如此富有，还为尤利乌斯·恺撒的职位竞选提供过资金。他的财产达到了两亿赛斯特斯，但最后，他还想和恺撒拥有一样的政治地位，何况后者还是靠他的钱才取得的权力。于是克拉苏募集军队进攻安息帝国，但在惨烈的卡莱之战中全军覆没，他也丢了性命。这次战役中有两万名勇敢的罗马人战死，一万人被俘。安息人为了嘲讽克拉苏对金钱的渴望，还把熔化的铅液从尸体的喉咙灌了下去。

火灾的威胁意味着城中房产并不是一项安全的投

---

①卢基乌斯·科尔内利乌斯·苏拉（Lucius Cornelius Sulla，前138—前78），罗马共和国著名将领，公元前88年任罗马执政官，后任独裁官。——译注

资。有一次，我和我的朋友尤利安努斯走上西斯皮恩山，见到一栋有很多层楼的高大建筑物着火了。火苗迅速蔓延到周围的建筑，引发了一场大火。我们望着那焰舌直蹿到空中，尤利安努斯对我说："城内的房产的确收入可观，但风险更大，如果有法子能让罗马的房子别那么频繁地着火，我就以朱庇特①的名义发誓，卖掉所有乡间庄园，买下整座埃斯奎利诺山②！"他说得很对，城内房产真是头疼。最近我还有两处门店发生了坍塌，幸存的那些也都布满了裂缝，看着离坍塌也不远了，甚至连老鼠都搬了出去。不过，对于我这种手里有钱、心里不慌的人来说，这也不是什么大麻烦。当然，也有很多人对城内房产会坍塌一直提心吊胆。

  放贷一向都是大肆敛财的好办法。一般来说，用意大利土地作为担保借贷，年利率是6%，没有担保的年利率是12%，或者按月算利率是1%。我自己就签了很多份借贷合同，其中有很多是在行省签的。除了本身利益可观，借贷还给了你帮助朋友的机会，你可以给他们委派任务。若借贷者做的是油水颇丰的生意，你还可以卖一份合同的股份给他们。当然了，把朋友牵涉进来也要倍加留心。如果借钱者搞欺诈，他们损

---

① Jupiter，罗马神话中的众神之王。——译注
② Esquiline，罗马七丘之一，是城内的富人区。——译注

失了钱就会怪你，就算你之前已再三强调过风险。

我们借贷者终日忧心挂怀。如果你把钱借给商人，就会度过许多个焦虑的夜晚。每起一阵风，每听到一阵遥远的雷声，你都会担心商人在海上的船有所损失。你还必须做好对一个人的信用评估。俗话说："听见什么就是什么，此人永远不会成功，尤其在商业上。"商人就像角斗士，必须在沙场中随机应变。你不可能去命令债务人把钱花在哪里，但你却可以监督他所做的事和所到之处，以防他陷入财政困难的境地。你若随时监督，他也不会觉得你好糊弄，也不会觉得比起与你在法庭上对峙还不如溜之大吉。《伊索寓言》里有一则故事，说一只蝙蝠借了些钱，准备同荆棘和水鸭一起做生意，但它们的船却在大海中沉了。蝙蝠损失殆尽，它很害怕债主，所以只好晚上出来觅食。

如果债务人违约，你就要狠狠制裁他。你可以合法卖掉他所有的财产，甚至他的衣物。如果这还不够弥补他的借款，你就把他的孩子卖作奴隶。健康的幼儿和孩子可以卖个好价钱。通过这种行为你还能警告其他的债务人，不要妄想违反义务。食物短缺也为你提供了赚钱的良机。此时谷物价格会大涨，你就可以在无担保的条件下以每年50%的利率放贷。

如果你很穷想要致富，就得放聪明些。你应该以爱神厄洛斯为榜样。他的母亲是贫穷之神，父亲则是机敏之神。他继承了父母的特点，和母亲一样贫穷而不修边幅，没有鞋穿也无家可归，就在大街上露宿。但是他也像他的父亲，一直都以追求美为目标，勇敢地猎取生活中更崇高的事物，为了得到心中所想而不停谋划。但是，你可千万别在寻求财富的路上越过正直的边界，很容易就会变成粗俗的庸人。我的一位释奴有一次做梦，梦里他吃掉了沾有自己排泄物的面包，过程还很享受。接下来，他就幸运地继承了一笔遗产，但却是通过不合法的手段。在梦中他吃得很享受，是他将收到一笔钱的预示，同时他吃的是自己的粪便，也说明得到的这笔遗产存在争议，他会对自己的行为产生怀疑。换句话说，他得到了一笔不义之财。

我之前有提到过我另一位释奴"农夫"，你不妨听听他说的话。"农夫"经常会对他被铁链拴住的新奴隶说教，告诉他们怎样能和自己一样成功。"听听这些真诚的好意见吧，"他说，"如果你们想生活得好并恢复自由：首先要对事物表现出应有的尊敬；其次，对主人心怀最大的善意；孝敬你的父母；得到他人的信任；不要传播和听信谗言。如果你不伤害和背叛任何人，就会过上愉悦的生活，一身正气，心旷神怡，不冒犯任何人。"如果对上级表现出尊敬，并对艰苦的工作任劳任怨，你的社会地位就会节节攀升。

如果你比"农夫"有更大的野心，就需要跻身众人皆知的名流阶层。一个选择就是成为角斗士。如果你在法庭上被判成为角斗士，或者你是一名奴隶，主人想要把你卖去角斗士培训学校，那你别无选择。但如果你是自由人，也可以自愿从事角斗表演。我得承认，一般自愿做这事的人都别有用心——通常都是难以适应平民生活的老兵，但光是报名就要收取一笔费用。不过，参加角斗就可以得到奖励，这大部分取决于你的社会地位（人们更青睐自愿参加角斗的自由人）、表演质量，还有你的个人特长。如果做不了一名优秀的角斗士，会遇到何等下场，我没必要赘述。所以，想走这条路通向成功，唯有那些在军事和生理上有一定实力的人。在庞贝城里曾有一个自愿当角斗士的自由人，名叫普布利乌斯·欧斯忒普斯（Publius Ostorius），他一生参与了五十一场对决，并最终能活下来述说他的故事。然而，即使你在角斗方面确有才能，前方也还有其他数不清的不利情况在等着你。你必须遵守角斗士宣言：绝对服从教练，就算是被火烧死、被鞭打或是被杀害都无怨无悔。

如果你出身贵族，甚至是位贵族女性，决定自愿成为角斗士就会大受欢迎。贵族角斗士能为穷乡僻壤的表演增添光彩，还能增加一丝丑闻的魅力。著名的格拉古家族①就出了一位角斗士，这已够让人惊讶

---

① 古罗马最具权势的家族之一，著名政治家提比略·格拉古与盖约·格拉古就出自这个家族。——译注

的了，但这位仁兄还是个网斗士[①]，也就是不戴头盔战斗，每个人都可以看到他的脸。"如果我是个有钱的贵族，为什么还要角斗？"你可能会问。但你得明白，在罗马，成功不是只以金钱论的。金钱可以带来很多东西，比如权力和财产，但是不能带来荣耀。只有证明自己的男性魄力才能得到这些。任何有钱人都可以在浴缸里虚度光阴，斜躺在晚宴桌前。只有勇敢之人才能角斗，这也能让人非常激动，任何近身肉搏的人——当你直视对手的脸，将剑刺入他的喉咙——都会明白在角斗场里拼杀是什么滋味。

角斗场里的成功会给你带来巨大的名声。你会发现每个人都知道你的大名，名字甚至被涂鸦在墙上。你亲手结果了没有赢得观众宽恕的手下败将，这一瞬间将被铭记在马赛克镶嵌画上。人们还会向你讨要几滴鲜血来治愈他们的癫痫或者不举。还经常会有一小群保守者对你参与角斗表演进行贬低，但这通常是少数情况。连君主都觉得投入大量金钱到角斗表演中是值得的，你又为什么不能参与？

你还可以选择一条较安全的成功之路。当一名赛车手也能赚很多钱。罗马最好的赛事，有1.5万～6万

[①] Net fighter，古罗马角斗士的一种，只持一张网、一把匕首和一只三叉戟战斗，相比重装剑斗士和盾斗士，网斗士胜在速度上的迅捷灵活。——译注

赛斯特斯的奖金。我一位律师朋友抱怨说,一名赛车手能赚到他律师费的100倍。我见过的最成功的车手是狄奥克莱斯(Diocles),他来自伊比利亚的鲁西塔尼亚(Lusitania)。在神圣君主哈德良和安东尼庇护的统治期间,他一共跑了24年,直到42岁退休。在参与的4257场比赛中,他一共赢得了1462场比赛的胜利。他以自己的9匹马共赢得了100场比赛,还有一匹马赢了200场。他职业生涯赚到的奖金高达令人咋舌的35 863 120赛斯特斯,让他成为罗马巨富之一。

赛车手赚的都是辛苦钱。操纵四匹马牵引的战车并不容易。两匹外缘赛马的缰绳就系在你身体周围,你必须用体重把它们拉回原位。如果你发生撞车事故,就会被缰绳拉下马车,被车辆和马匹碾压,除非你能砍断缰绳。比赛中技巧非常重要,如果你让马匹跑得太快,它们会耗尽所有精力,最后就无力冲刺。你必须决定好,是要保持马匹实力最后冲刺,还是先跑到前面,然后留在内侧赛道保持领先地位,让其他人无法超越你。如果对手想从旁边赶超,你就推挤他们或者用鞭子让他们后撤。你可以把拳头对准对手马匹的眼睛——这经常逼得它们往后退。

这些都是用巨大代价换来的金钱,很多人为了赢得比赛而召唤神明的力量。不少赛车手觉得魔力咒语在圆形竞技场中很奏效,你可以学会怎样给你的对手施咒。"在十一月八日的比赛中助我一臂之力吧,"你应该念,"把我对手的四肢、肌肉和脚踝束缚住吧!"然后念出对手马匹的名字。不要退缩,反复吟诵以下词句:"折磨他们的心智、大脑和意识,这样他们就不知自己在做什么;打瞎他们的双眼,使其看不到方向;折磨和杀死马匹,让它们都在车祸中丧命,不留下一丝一毫生的气息。"

给赛车下注能得到大笔奖金,这也反映了大众对于赛车的狂热。马克西姆斯竞技场可以容纳两万到五万名观众,他们为比赛结果向前探出身体尖叫。通常他们会在结果上大笔下注,加强了他们的狂热程度。君主卡利古拉①对赛车的热衷已到了荒唐的地步。他曾邀请他最喜爱的种马"战士"参加晚宴,他给"战士"喂金灿灿的麦粒,用金制的高脚杯为它的健康干杯。"战士"的马厩有大理石做的隔栏、象牙做的食槽、华美的床单,还配给它镶嵌了宝石的项圈,君主甚至赐予它一栋房子、一群奴隶还有精美的家具,以便连同这匹马一起被邀请至晚宴的人得到更优雅的款待。据说卡利古拉还打算把这个动物任命为执政官,如果卡利古拉活得再长点儿,我相信他一定会把这变成现实。

---

① 卡利古拉 [原名盖乌斯·尤利乌斯·恺撒·日尔曼尼库斯(Gaius Julius Caesar Germanicus),12—41] 罗马帝国第三任皇帝,以行事荒唐、残暴无度著称。后遇刺身亡,年仅29岁。——译注

不论是通过什么方式，你赚到越多的钱，在罗马的社会地位就越高。如果你是一名释奴，可能会幸运地得到公民身份[1]。虽然释奴在可担任的官职上会受到限制，但孩子则会是彻底的公民。如果你生下来就是自由人，那么前途就不会受到任何限制，尤其是当你还有一位强大的恩主做靠山。你甚至可以像我一样成为元老。元老是罗马社会中地位最高的六百个人，只有出生最高贵的人才可以担任。要成为一名元老，你必须是一名元老的儿子，而且必须生来自由，你还得拥有至少一百万赛斯特斯的财产。鉴于你不太可能是一位元老的儿子，也不要觉得自己的道路因此被堵死了，我们杰出的君主有时会因个人出色的服役而将其任命为元老。每年元老的名单都会更新，每个人都根据社会地位排名。君主在名单上的第一位，接下来就是执政官和其他政务官，然后是根据财富排名的元老。财富下降到一百万赛斯特斯以下的元老会被除名。

无论是否达到了最高的社会阶层，你赚了钱，也不可不重视展示自己的财富和地位。假设你已爬到了罗马公民最基本的水平，你就要学会穿戴托加长袍。只有罗马公民才可以穿这种衣物。在君主到场的比赛等场合，或是成了政务官，你就要穿上。你得买一件

---

[1] 在古罗马，释奴不可能得到完全的公民身份，会受到不可担任公职等规则的限制。——译注

由质量上乘的土布制成的托加，确保它是纯白色。很多贫穷工匠的长袍灰不溜秋，最是寒酸。你可别低估了托加的重量，也别小看夏天穿它有多热。你务必保持长袍的白净，所以要在漂洗工坊中洗涤。在工坊中，托加长袍会先被浸泡在一个大缸里，缸里是水和尿液的混合液体。漂洗工会把尿壶放在工坊外面，这样就可以从路人那里得到源源不断的尿液供应。洗好后托加长袍会被晒干，洗刷掉上面的绒毛，有时会用刺猬皮或者蓟来洗刷。随后，托加长袍会用硫黄漂白，最后用细腻的白土来增白。正如你的想象，这是一道昂贵的工序，但为了让你呈现出最好的面貌，这都值得。

穿戴托加的正确步骤是：拿住长袍，让底部的弧形边缘垂下。将长袍一角扔过左肩，然后把另一部分放在右肩上，这样你的背部就会被包住。接下来把长袍围到身体前侧，包住大部分的胸部，下端几乎垂到脚部。长袍剩下的一角被扔过左肩，包住大部分的手臂。穿完后，你的右臂应该大部分被布包住，但长袍的重量都搭在左肩，这样右臂就可以自由地甩动托加，让你在演讲时可以自由做一些辅助手势。

如果你很成功，就需要买一座大别墅，方便款待你请来的重要客人。你要花很多钱购买一群奴隶来运营这个家——从厨子到清洁工，从侍者到个人保镖。你在新购买的奴隶面前要表现得如同恩主，很久以后，他们获得自由，你就得到了一群现成的代理人——他们会对你感恩戴德，你慷慨赐予了自由的释奴，会通过良好的服务回报你。他们每天早上都要向你请安，在太阳升起前就在门口等你出现。你让门卫带他们来到门厅，但是请注意，你要故意让他们等上一会儿。和你相比，他们的时间并不重要，让其他人等待也显示了你崇高的地位。你起床后，穿戴整齐，吃完早饭，就命令下人打开中庭大门，让你的代理人们一个个拜访你。你让他们根据地位排好队，最卑微的人要最后谒见，避免引起他人不满。你不可能记住他们所有人的名字，所以，你要找一名奴隶来担任呼名者，这样你就不用问个不停，这似乎也一直让代理人们很恼火。你可以邀请一小部分幸运者参与你的每日事务，奖赏他们参加你的晚宴。至于其他人，你赏一点钱儿或者食物作为礼物就可以了。当然了，如果面对一大厅的人你感到招架不住，就应该从隐蔽的侧门溜走。

举办晚宴派对是成功罗马人最基本的能力。当然，作为暴发户的你要是不想表现得没教养和举止粗俗，就要注意避开很多陷阱。确保你的座次安排和食客的地位相一致。社会地位最高的人应该被安排坐你身旁的躺椅，那些地位最低的人得离你最远。如果你宴请了一大群客人，你就应该把最好的菜呈上主客的餐桌，但也要注意别做得太明显，这会显得你又小气又铺张。如果你把酒倒在醒酒器中，让最好的费乐纳斯酒①都集中在主桌上,其他人面前只有一丁点儿酒醋,就太过分了。酒太少肯定会让宾客产生怨恨。

就我而言,我会在规模相对较小、气氛更私密的晚宴上让每个客人桌上的菜都一样,就算是释奴的餐桌也不例外。有些人见我对元老和释奴一视同仁会大吃一惊。"这会花你不少钱吧!"我一个朋友惊呼。但事实上,我不会把真正重要的客人和释奴混在一起邀请。我很谨慎,只会邀请社会地位差不多的客人来参加同一场晚宴。在那些释奴和底层公民到访的晚宴上,我提供的酒和平常喝的也不一样,但当晚我和他们喝一样的,不搞例外。我也不会做得很过分,比方说在盛大的宴会上,让主桌和下等桌的每道菜都不同,我只会保持每个客人面前的菜肴简单朴素——当然,除非我邀请的是重要宾客,比如重要的元老或者君王的挚友。在这些情况下我不会吝惜钱财,最尊贵的人可不能吃得像穷光蛋一样。

最近,我到上文提到过的那位朋友家中用晚宴。看着那些远处躺椅上的人吃的都是残羹,我心里就一阵可怜。当我们享用上好面粉揉搓出的雪白面包时,那些底层的人只能吃一块块发霉的面包边,硬得一不

---

① 古罗马极负盛名的葡萄酒之一,老普林尼曾将罗马美酒品级做过排名,即卡库班酒(Caecuban)、费乐纳斯酒(Falernian)、阿尔班酒(Alban)、苏伦汀酒(Surrentine)。——译注

小心就会崩掉牙齿。甚至奴隶也没拿他们当回事。不过，奴隶服侍我们这些上座的人也没多好，但他们却当面拒绝为下等宾客提供饮品。如果任何与会者胆敢到不属于他们的面包篮子里拿一片软面包，就会很快被奴隶高声勒令放回去。"请去你自己的篮子里拿！搞清楚自己的面包是什么颜色！"很不幸，近些年来大宅子中都是这种不可一世的奴隶，可能他们太贵了吧！你花几千块钱买这名奴隶，让他们得意忘形，认为自己比自由人还值钱。我很同情我朋友那些可怜的代理人，他们在寒冷的冬夜冒着雨和冰雹爬上埃斯奎利诺山。我们在吃龙虾和芦笋，他们却被奴隶像狗一样对待。

礼节造就了罗马人。在晚宴上，你得用你的智慧和魅力取悦其他客人。财富会让一个人沾沾自喜，自视甚高，你也要克制点儿，注意别发表长篇大论。你应该做到有所节制的优雅。我最近的晚宴中有一位客人，他在整顿饭里都把自己塞得饱饱的，结束时还把所有剩菜都装在餐巾里带走：母猪乳头、猪肋排、一只滴着酱汁的鸽子，还有两块切开的禽肉、一整条梭子鱼，都被塞进他油腻的餐巾让奴隶带回。这真是无比尴尬，我们其他人能做的就只是躺在桌子旁假装没看到。

铺张和恶俗只在一念之间。某次晚宴上，我遇到了一件格外荒诞的事，简直令人发指。宴会的主人迟到了,他觉得迟到算不上错误,反倒挺时髦。他坐在担轿上,由两名身穿饰有金属护胸制服的男仆抬了进来。他最喜欢的奴隶男孩走到面前,准备吸引主人的目光。另一名奴隶男孩走在小队伍的前面吹奏排箫。主人想要小解一下,就打了个响指,一名年轻阉人便端来一个银制夜壶让他解手。另一名阉人端来一盘水,主人洗完手后在他头发上将手擦干。

我们终于躺下,两名长发的埃塞俄比亚奴隶进来,端着小小的皮水壶,就像竞技场里撒沙子常用的那种,在我们手上倒了点儿酒。主人一边用银针剔牙一边对我们解释他迟到的原因。"朋友们,"他说,"当时我还没玩完骰子,恐怕不方便见你们。"奴隶搬来一张栗树桌和一个水晶骰子,他又继续玩了一会儿,此时,我们这些可怜的客人只好研究起面前桌上摆的那一排精美的菜品。我们用的勺子是银子打造,每一只绝对有一磅多重,光是用它吃东西就已是举重锻炼了。接着,奴隶们端来几只被石膏封住的玻璃酒瓶,上面贴着标签:"质量最上乘的百年费乐纳斯酒陈酿"。酒瓶就放在宾客正对面,确保我们都知道自己喝的是什么。正饮酒呢,一名奴隶又带上来一具银制骨架,骨架的每个关节都可以自由活动,转向各个方向。特利马尔奇奥,也就是主人,还把这具骨架扔到桌上摆出奇怪的动作,逗我们开心。

接下来,我们吃了整鸡配油酥鹅蛋。特利马尔奇奥摸着他的肚子，脸色不大对劲。"先生们请原谅我，"他说，"但我的五脏似乎罢工了，导致我已很多天没有排便，我肚子里咕咕直响，你们是不是还以为有一头牛在里面狂叫呢！"他抬了抬腿，房间里顿时充斥了一阵不雅的声音和一股恶臭。"如果你们想方便，就别矜持——没必要害羞，我常说'憋着还不如放出来'。外面的设施一应俱全——有水，有坐便器，还有拿着海绵棒①的奴隶为你清洁屁股。"我们只能尴尬地感谢他的善意和体贴。

就在此时，一头烤乳猪被端上了餐桌。特利马尔奇奥把这猪仔仔细细检查了一遍，突然大叫道："去他妈的！这头猪的内脏还在！我以赫拉克勒斯之名发誓，这厨子根本没处理这头猪。把他带进来！"可怜的厨子被拖了进来。"脱光他的衣服！"主人喊道。厨子很快就被剥了个精光，站在两名被喊来的施刑者面前瑟瑟发抖。我们都开始为他求情："这也是难免的，特利马尔奇奥，这一次就饶了他吧。"不过嘛，我自己是不大能理解这种事，我凑到另一个客人耳边小声说："一个厨子怎么可能忘了去除内脏呢？这太不像话，也真够粗心的。如果他是我的厨子，我可绝不会原谅。"意外的是，特利马尔奇奥闻言却怒气渐消："那

---

① 在古罗马，如厕后用一端绑有海绵的木棒清洁屁股，该种海绵棒是循环使用的，用完后在厕所的水槽中清洁即可。——译注

就让他向我们展示一位厨子的真正技能吧！让他在这里去除烤猪的内脏。"厨子穿上长袍，手里抓着一把切肉刀，用颤抖的双手切开烤猪肚子。猪肚子里一下掉落出一串又一串香肠，满满的肉布丁和蜜饯从里面滚落。整栋房子里的人都为这个玩笑齐声鼓掌。"为这名厨子欢呼三次！"我们大喊道。厨子也被奖励了一杯酒，酒杯是用柯林斯青铜制成的。

  我觉得吧，这些玩笑虽然没什么，但也实在是难登厅堂。如果你囊中羞涩，买不起能够接待客人的别墅，就可以考虑加入俱乐部。虽然参加这些俱乐部表面上是为你体面的葬礼筹钱，大多数俱乐部也会为成员定期举办晚宴，这在受尊敬的下层人群中很受欢迎。我便是其中一个俱乐部的荣誉会长。加入这个俱乐部要花100赛斯特斯，外加一壶双耳瓶装的好酒。每月的会费是一个赛斯特斯。这样你死的时候，你的家人便会收到300赛斯特斯的丧葬费，还有50赛斯特斯以支付葬礼队伍的费用。我们基本每个月都会举办宴会，与会成员每人必须捐一壶双耳瓶的好酒，还有面包和沙丁鱼。俱乐部有很多条规则，以防宴会沦落为一场乱糟糟的闹剧。不论是谁，但凡有成员随意换座位引起骚乱，就要罚4赛斯特斯。任何成员动用暴力或难以管教，就会被罚款12赛斯特斯。如果任何人对我，即会长，出言不逊，罚款20赛斯特斯。我必须承认我并不常参加宴会，而是派一名代表前去。但只要我亲自参加，就必须穿上托加长袍，并且在俱乐部庇护女神狄安娜的生日那天献上酒和香作为贡品。我还会为成员们带来橄榄油，以供他们宴会前在公共澡堂中使用。

你在社会上的地位越高，你就越忙。我一直收到参加各类宴会和社交的邀请。比如，昨天我参加了一个朋友为庆祝儿子穿上成人托加长袍而举办的仪式；然后，我参加了婚礼午宴；随后，另一个朋友请我到法庭参加与他有关的听证；又有一位朋友邀请我成为他遗嘱的见证人；还有一位想请我在他的职位竞选中给予支持。我在罗马这些琐事上花了多少时间啊！但如果躲到乡下，一切就都不同了。在那里我可以专注于我的研究，或做些舒缓的运动，泡泡澡来休养身体。我不用去听没完没了的闲言碎语，也不用给我的代理人下达命令。没有人打扰我，我只和书本对话，这就是所有工作中最高尚的一类。远离公事，经营家庭庄园的人才是最快乐的人，用不着放贷、参军，远离议事广场上的纷争。修剪一下葡萄藤，看牲畜吃着青草，自己躺在茂盛草原的老橡树下，听鸟儿在树间鸣唱，这多美好。

— 评 述 —

富有的古罗马上等阶层普遍看不起那些要靠工作来糊口的人。西塞罗在《论责任》(On Duties 1.42, 2.87-2.89)中列举了几种职业，认为对绅士来说这些行业都非常不体面。不过，普通罗马人就没法这么挑剔了。我们很容易将所有非精英阶层的罗马人视作一个整体，但他们之间其实也像上层社会一样具有高度的等级分化，各有差异。学习一门手艺是提升生活质量的基础，在当地，有技术含量的体力活能赚到普通体力活两倍的薪水。不过，体力活也分为很多种：乡间需要做农活，城市中修建和搬运也需要人手。罗马有很多奴隶，但也并不意味着罗马人就可以不用工作养家了。

法尔克斯在本章的末尾对农田之乐大加歌颂，不过，这种乐趣却和大多数农夫辛苦卓绝的悲惨生活相去甚远，法尔克斯的观点其实来源于贺拉斯的《长短句集》(Epode)。

至于古罗马的富裕阶层，他们的工作就包括了享乐所带来的义务：参加公共事务、成为代理人的恩主、参加庆典和追求自己的学术爱好。小普林尼的《书信集》(1.9)就提供了一个很好的例子，向我们展示了有钱的绅士平常都做些什么来填满他的一天。像这样的人，才会一直渴望平静和安闲的乡间庄园生活。

通过庄园盈利是最受尊敬的赚钱方式。任何人只要赚了点儿钱,很快就会想通过投资房产来在上流社会中立足。经商就是一种阶级流动的途径。罗马的产品,从高质量的玻璃器皿,到他们非常喜爱的、称之为 garum 的鱼酱,都直接运往帝国各地,甚至远销外邦。上层阶级鄙视这种行为,但并不代表他们不会参与。通常他们会雇一个代理人,很可能就是他们的释奴,来代表自己参与这种交易,防止双手沾染上铜臭。社会精英们还会在城市内的房产中投入大量金钱,但大多数的规模都远不及传奇的克拉苏。城市房屋都有偷工减料的特点,因此倒塌和火灾很是常见。本章关于房屋倒塌的故事,根据的是奥卢斯·革利乌斯的《阿提卡之夜》(15.1)和西塞罗的《给阿提库斯的信》(Letters to Atticus 14.9)。革利乌斯在书中记载了他目睹的一场火灾,但惊人的是他对人毫不关心,既没有提到里面的住户是否逃出,也从未对此有半点儿好奇。他面对火灾的唯一反应就是想到这种投资会有财务上的风险。

　　托加长袍的形状和穿着方式其实并没有定论。昆体良在《雄辩术原理》(11.3)中强调了它的复杂性。作为衣物,托加从各方面来说都不实用,它也因此成了一种地位的象征。长袍在胸前的褶皱,拉丁语称为 sinus,因此后来英语中形容抱有某种目的接近某人,用的就是 insinuate 这个词。如何让托加长袍保持清洁也是个问题，尤其是古罗马人并不用肥皂来洗衣服，而是用各种各样的碱，其中最常见的就是尿液。托加长袍因穿着复杂逐渐被人淘汰，仅用于某些正式场合，比如参加有君主出席的赛事。在罗马帝国早期，托加被拉塞多尼亚披风大范围取代。

章节内关于亚历山大港的叙述出自君主哈德良之口，但实际时间更晚，见《后凯撒①时代：斐尔姆斯、萨图尔尼努斯、普鲁克洛斯和波诺萨斯》(*Later Caesars: Firmus, Saturninus, Proculus and Bonosus 8*)。戴克里先（Diocletian）颁布于公元301年的《物价敕令》(*Edict of Maximum Prices*)则列出了所有手艺人和劳工的日薪。这一价格使用的货币单位是第纳里。公元3世纪的罗马曾经历过一段时间的通货膨胀，所以若要与帝国早期的赛斯特斯做比较，请务必谨慎。巨富克拉苏的一生见于普鲁塔克（Plutarch）所著《克拉苏传》(*Life of Crassus*)。著名赛车手迪奥克莱斯的职业生涯的各种数据，来自《拉丁铭文集》(14.2884)中收录的铭文。阿米安（Ammianus Marcellinus）的著作《历史》(*Histories* 26.3.3)提到了竞技场中使用魔法以影响比赛结果。君主卡利古

---

① 这里的凯撒（Caesars）指的是罗马帝国的头衔，意为"副帝"。这本书讲述的是罗马帝国后期的历史，因此与共和国时期的历史人物恺撒没有关联。——译注

拉对他的马"战士"的喜爱，参考的是卡西乌斯·狄奥的《罗马史》（59.14）和苏维托尼乌斯的《卡利古拉》（Caligula 55）。佩特罗尼乌斯在《讽刺小说》（Satyricon）中虚构了特利马尔奇奥的奢华晚宴，而更普通的"晚宴－葬礼"俱乐部的细节，则请见《拉丁铭文集》（14.2112）。

第四章

罗马式恋爱

如果可以不娶妻，我们就会免去很多烦心事。但是，无论有没有她们，我们注定都不能活得很容易。既然我们必须有个妻子，就应好好想想与她们应该如何相处。最重要的是你得记住从长远考虑，着眼于未来的幸福而不仅是短期的欢愉。

选择妻子是一项困难的任务，在本章，我会给你示范，理想女性身上往往具备哪些特质。你别被我的直白吓跑，承认吧，和妻子一起生活很不容易。我的一些朋友，出于对他们妻子的忠诚，会说他们的婚姻也不是一直让人厌烦，争吵的确会有，但都微不足道，很容易就抛到脑后。或者他们会说，这种争吵并不是结婚必然的副作用，只是丈夫或妻子中某一方确实做得不好。但是，所有丈夫都知道这背后的真相。我之所以会如此坦诚，并不是因为我不如你们那样爱我的妻子，我只是不想在你们这些对结婚尚摇摆不定、犹豫未决的单身人士面前描绘错误的前景。相反，我正想劝退和警醒那些对于婚姻生活抱有不切实际幻想的人。

选择女人，首先得考虑你要她做什么。第一个原因当然是生育。事实很简单，没有这些数量繁多的婚姻，罗马就不可能存活。没有儿子们在军团中战斗，没有女儿们嫁作人妇，这个国家很快就会衰落。我希望确保那些想承担婚姻这一重任的人能够清楚其重要性，并保有坚定的心态。

在候选人问题上你一定要深思熟虑。如果你只看重妻子的美貌，那么她就会觉得自己已满足了你的心愿，从而不会再关心其他领域。她可能觉得不会照顾家务无所谓，任家庭成为一盘散沙。你也不得不接受，你和她结婚就是因为她的美貌，所以不会期望她做任何实际的事。娶一位出身更好或更有钱的妻子也是一样的问题。因此，你不应该只考虑女孩的家庭背景。财富、家世、美貌并不会让你的婚姻更幸福。这些因素也不会让妻子对丈夫产生兴趣和同情心，事实还恰恰相反。这些特征在生育时也派不上用场。你应该检查妻子备选人的家庭是否一直保持了生育健康男性继承人的良好记录。至于她的体格，最重要的是健康，外貌一般就行，能够做粗活很重要。如果她不怎么漂亮，就不太会受到男人的引诱而变淫荡，如果她身体强壮，就更适合做体力活和生孩子。

你应该找一名展现出自制力和美德的女孩，当然，你也应该在自己的行为中体现这些素质。事实是，如果丈夫和妻子对于生活没有共同的展望，那这场婚姻就不太会是双赢。两个并非同类的人又怎么可能生活和谐呢？一块扭曲的木头不能被掰直；两块扭曲的木头无法被拼接到一起，甚至连一块笔直的木头都不能和弯曲的拼到一块。同样的道理，一位缺少美德的伴侣也会亲手毁掉这桩婚姻。

如果庄园太大，你自己打理不过来，拥有一位可信任的伴侣就会大有裨益，你出远门的时候就可以放心让她去照料。男人的天性就是主动、独立，需在外抛头露面；女人则更喜欢待在家里，远离公众视线。这两者是互补的。女人乐意让男人管理她的财产，而当丈夫离家在外，她又能够执行他的命令，确保整个家族运转良好，直到他回来。

你问我，我妻子是什么样的人？她名叫克劳迪娅（和她两个姐姐同名），在很多人眼中算是个美人，可我看上去也就一般。她身材娇小，为人正直。她不会卖弄风情，站在那里像一座雕塑似的，没有什么幽默感。但是，她非常有魅力，大概从维纳斯那儿窃取了许多天赋。她笑起来很甜，当我凝视她时，所有的感官都会失去知觉。能躺在她枕边的男人（也就是我）简直就快活如神仙。她纺羊毛速度很快，管教家中奴隶又十分严厉。她生育抚养了四个孩子，只有三个活了下来，还有一些孩子在婴儿期和分娩时就夭折了。

你可能是个女孩子，而你的父亲正考虑为你做主安排一门婚事。首先，别犯傻，不要憎恶这种事。婚姻不仅仅是一场心动，更是两个家族的缔结，所以，维护各自的利益是很合理的。你还需要一份与你家庭地位相衬的嫁妆，这么重要的事你不能只考虑你自己。你应该牢记，你的纯洁之身不完全属于你自己，有三分之一属于你的父亲，三分之一属于你的母亲，剩下三分之一才是你的。不要试图反抗你的父母，他们为了把你养大花了不少钱，还要把心爱的女儿和一大笔嫁妆交给你未来的丈夫。

　　我曾经为我十四岁的侄女寻觅过夫婿人选。没办法，她的父亲在几年前去世，而对于一个年轻女孩儿来说，没有什么事情比终身大事更为重要。谢天谢地，我的朋友米奴修斯·埃米利安努斯简直是这门婚事的最佳人选。我们的关系非常好。米奴修斯以我为榜样，就如同我以我侄女的父亲为榜样一样。他三十五岁，正是大好年华，已经当上了保民官。他的外祖母是塞诺拉·普求拉，来自巴塔维亚，那是一座以市民美德而闻名的城市。他的叔叔阿基利乌斯则严肃、智慧且正直。简而言之，他的家庭与我们家门当户对。米奴修斯他自己也有众多优点，比如活泼、和蔼、勤奋、谦虚。他有良好的品德和教养，面色红润，举手投足间流露出高贵和优雅的气质。我再提一句，他父亲特别有钱，我知道提钱就俗了，但不能完全忽视我们生活的时代啊！所有人都是以财富多寡来论地位。如果有人认为"知道如何富裕地生活"并不重要，那可真是愚蠢。他和我侄女真的很般配——米奴修斯是一位功成名就且体贴的丈夫，而我的侄女是一位负责又温柔的妻子。

　　当我父亲第一次为我引荐未来的妻子时，他给了我一些关于对待女人的忠告，我也在这里传授给你们。"不厌其烦地夸赞她的面容、头发、优雅的手指和精致的双脚。"父亲说，"再朴实的女孩听到别人对自己外貌的赞美也会春心荡漾。对于未婚少女来说，她们的美丽既是快乐也是恐慌的源泉。"他说得多对啊，你应该保证你的未婚妻是以积极的态度和你开展婚姻关系的。初期如果你不怎么关注她，她会很容易不开心，导致很难对付。如果你真的要做比较，就拿她和神来比，避免提到她的缺点。如果她很瘦，你就说她苗条，如果她很胖，你就说她丰满。不要总提醒她年龄，尤其当她青春消逝、不得不拔掉头上的白发来掩盖事实的时候。

如果这些都不能让她芳心大悦，你就要试一下魔法之力。我一个朋友曾经追求女孩未果，有人建议他用一条埃及魔法师的爱情咒语："爱神阿芙罗狄忒之名，叫作纳芙莉莉——正是这个名字，它旋即被人遗忘。如果你想要抱得美人归，请戒欲三天，供奉乳香，并反复念诵这个名字。靠近你所爱的女人，盯着她，脑中默念七次这个名字，这样就能成功。持续做七天。"不得不说，我觉得要是他真的盯着这女孩并口中念念有词，一定会把她吓个够呛。不管怎样，这肯定没用。我还听说过更离谱的：用驴血在一长条纸莎草上写下女孩的名字，然后将纸莎草用醋浸湿，贴在浴场蒸汽室的屋顶上，可能会有奇迹发生。

女孩们若是想要获得男人的青睐，应该对容貌进行特别的保养。容光焕发的外表几乎会掩盖掉所有明显的缺陷。以下的秘方，来自于我青春永驻的母亲，她早上起来的第一件事就是弄这个。首先，准备两磅大麦去掉外壳，最好是用利比亚进口的品种。打十个鸡蛋，用蛋液浸泡两磅的豌豆。把大麦风干，然后用驴拉的粗磨石碾碎。用一头健壮的年轻雄鹿的角与大麦一起研磨。另外拿十二颗水仙球茎，剥去外皮，在纯大理石台上磨成粉。最后，加上九倍的蜂蜜。将以上的材料混合，敷在脸上过一夜，你的皮肤就会比镜子还要光滑闪亮。

如果你苦于脸上有斑点，不妨试试以下的方法：拿六磅烘烤过的羽扇豆和刀豆混合在一起研磨。将铅粉和鸢尾花充分揉搓混合，加入其中。再加上一点儿来自阿提卡的蜂蜜。乳香和硝石混合后对于去黑头很有效。具体配比是这样的：各取四盎司乳香和硝石，加上树干上的树胶和一点儿没药精油，将所有这一堆材料碾碎过筛，再一次用蜂蜜将混合物融合，最后撒上干燥的玫瑰花瓣，倒入大麦茶中搅拌均匀。这乳液涂到皮肤上，会让你的肤色光彩动人。

如果你想染发，那可得小心了。我曾经认识一个女人，她一直折腾头发的颜色，最后头发都掉光了。她曾经的秀发如上等丝绸一般垂到腰间，如今全都没了。她天生就是卷发，省掉了用卷发铁棒的麻烦。照料她头发的贴身奴隶最轻松，这奴隶都很少用到发簪或梳子，也不用和打结的头发做斗争。她从没因为不小心拉扯到主人的头发而被主人用发簪戳伤。但自从头发都没了，这位主人就不得不给自己买了顶金色的假发，由一名日耳曼部落俘虏来的女子的头发制成。毕竟这还是和真发不一样。

女人们还应特别注意自己的气息和体味。没有什么能比一阵令人作呕的恶臭更能吓退一个多情男人的追求。有个笑话说，一名年轻的演员正被两个女人追求，一个女人口臭浓郁，另一个则腋臭扑鼻。"吻我。"第一个女人说。"抱我。"第二个女人轻声说。但他只好哀号："天哪！我该怎么办啊！进退两难太煎熬！"

如果你找到了一个合适的结婚人选，接下来就要决定选择什么样的婚姻。传统的婚姻会让女人进家门作为你的家庭成员。你的妻子就会失去她在娘家的继承权，成为从属于你的一分子。但如今所有人似乎都愿意选择更时髦，也更轻松的方式。在这种自由婚姻中，你的妻子仍是娘家的成员，还处于她父亲的威权之下。这种方式最大的好处就是，如果这段婚姻不愉快或者生不出孩子，就可以很容易地终止，但更多情况下是后者的原因。

务必为婚礼挑选吉日，要从一开始就避免各种为婚姻带来不幸的因素。比如说，你不会想要在八月二日结婚，那可是汉尼拔①大军在坎尼大败罗马的可怕

---

① 汉尼拔（Hannibal，前247—前183），第二次布匿战争期间迦太基军事统帅，在坎尼会战中以少胜多大败罗马。——译注

日子。六月末则通常是特别好的日子。婚礼上新娘头戴红色的面纱，身穿一件系着平结的朴素白色长裙，之后会由新郎来解开。仪式开始时会举行牲祭，朗读卜辞，接下来，新人就要当着诸位见证者的面，在国家之父——君主的画像前签署结婚协议。一位只结了一次婚的妇女随后会将两位新人的右手放到一起，他们在心中默念誓言。接下来，就是盛大的婚宴，也就是狂欢的开始。

宴会结束后，新郎会将新娘从她母亲的怀中抢走，新娘还要装出反抗的样子，这一做法是为了纪念罗马人掠夺萨宾妇女的行为[①]。如果没有那一次掠夺，罗马也不会存在。然后，人们便成群结队地将新娘带到新郎家中，队伍中其他人还要和新娘开些下流的玩笑。新郎则会在房中等新娘。新娘一到，新郎就把她举过门槛，确保她的双脚不会碰到地面。这些都完成之后，新娘就成了丈夫家的成员。新人们接着就要向家中的神明进行简短的祷告。宾客散去后，新人们就可以享受独处的时光了。

此时很多女孩会很紧张，这非常正常。我听说有

[①] 罗马建城初期人口稀少，国王罗慕路斯便举办宴会，邀请邻城萨宾人赴宴，席上罗马人趁机劫掠了萨宾城妇女，此事引发萨宾与罗马的战争，但已为人妇、已生下孩子的萨宾妇女不愿丈夫与自己的父亲兄弟厮杀，出来求和，促成了停战。此举也带来了罗马人口的繁荣。——译注

个姑娘还尖叫着逃出新房,害怕失去贞洁。我还记得我自己的新婚之夜。我的新娘当时还是个十四岁的小姑娘,而我已经年近三十。我上床脱掉她衣服的时候,她还浑身抖个不停。我想表现得斯文一点,所以和新婚之夜的很多男人一样,我把她当成男孩亲近了他。到第二天晚上,我才用了更普通的方式和她圆房。

一些丈夫会发现新娘对自己的温存很是抗拒,不论是出于焦虑还是出于对她们新伴侣的不满。如果她拒绝亲吻,你也别在意,照样亲她就是了,也许她一开始会挣扎,朝你尖叫要你放开她。我得提醒你留心,别对她太粗暴了,也别太用力亲吻弄破了她的嘴。第一晚可千万别让她恨你啊。至于说进行下一步,你可能就要使点儿强硬手段来,不用担心,大多数女人总是欲拒还迎。每个在激情中被粗暴征服的女人都会到达欢愉的巅峰。如果她一番抗争后真的没让你得手,无论她装得多庆幸,心里还是遗憾的。福柏和她的姐姐西莱拉遭到了强暴,但却没有让她们对犯下暴行之人减少一丝爱意[①]。

我承认,说到接下来的内容,我有点儿羞于启齿,但爱神维纳斯催促我继续讲,毕竟这是整个流程中最

[①] 这两姐妹分别是雅典娜和阿尔忒弥斯的女祭司,原本与麦西尼亚国王奥法留斯的两个儿子订了婚,但却被斯巴达王后丽达之子卡斯托耳和波鲁克斯看上并掳走。——译注

重要的部分。女人们应该以最能展现她们魅力的体位来进入这场"床上战斗"。如果你生得容貌俏丽，就应该仰躺，好让丈夫能凝视你五官的细节。如果你觉得双腿是你最吸引人的部分，就应把你的腿放在他肩上，好好展露一番。如果你很矮，就让你丈夫骑在你身上；但如果你很高，就应该跪在他面前，稍微将头侧到一边。如果你的大腿还青春结实，胸部洁白无瑕，那么就应该横躺在床上，在肩周围散开你的头发。如果生育女神露西娜带来的分娩已让你韶华不再，你就采取背过身去的体位。总之，你们可以采取上千种姿势，不过最简单和最轻松的一种就是向右侧躺。

男性读者可能很担心能否在这场战斗中持久作战。床上的持久度和其他事一样都需要练习和训练。在这里，我也提供一个特别的配方，是我在埃及游历时遇到的一个当地男人告诉我的，他精通各种黑魔法，针对不同场合都有相应的法术。

让你一夜多次的魔法：
　　磨碎五十个小松果，倒入一杯甜酒，放入两粒胡椒，喝下。

我还有另外一个秘方，也告诉你。

让你持久勃起的魔法：

胡椒和蜂蜜在一起研磨，然后再混合荨麻和旱金莲汁液，将其涂抹到生殖器上。

效果屡试不爽，你也可以用缪赛俄斯和萨贝利的春宫图来增强欲望。

缔结婚姻还是要生孩子的——确实，在法律上，一段婚姻只有有了子嗣才算正式完婚。不过，我们一般不会想每次和伴侣同房时都怀孕。即便两人已成婚，有些女性也因为极易怀孕而需要避孕。我很乐意向你推荐一些避孕的方法①。首先是必须避免在容易怀孕的时期同房，还有就是可以在宫颈口涂上陈年橄榄油，或者蜂蜜，或者雪杉、香脂树的树液。你还可以加上一块细纺羊毛。所有这些方法都能达到阻断和清凉的效果，关闭子宫入口不让精子穿过去。另一个传统方法是用一种特殊的大脑袋蜘蛛，把它的脑袋切开，里面有两条小虫。用一长条的鹿皮把这两条小虫系在女人身上，她就不会怀孕。我听说能管用一年。

那位埃及魔法师也提供了一个招数，适合更喜欢神秘方式的人。

世界上最好的避孕方法：

---

① 此处及后文所提到的偏方皆源于古罗马时期，因这一时期科学和认知水平的限制，现在看来有些荒诞了。——编注

你想要避孕多少年，就拿同样数量的苦野豌豆的种子用经血浸泡。然后拿一只活着的青蛙，把这些苦野豌豆种子扔进它嘴巴里吞下。将青蛙放回你抓到它的地方附近。然后将黑莨菪的种子浸泡在马奶中，放入麦粒、奶牛的鼻腔黏液和驴子的耳屎搅拌，然后把所有的混合物放进一个鹿皮袋，用一条驴皮系紧。在阴性星座月份[①]的下旬将驴皮袋作为护身符佩戴。

避孕比堕胎更为安全。堕胎的女子丢掉性命时有发生，这也许是公平的，因为连母狮子都不敢杀死自己的幼崽。有一天，一位这样死去的女孩的送葬队伍经过，每个看见这队伍的人都大喊："她活该！"但是如果你觉得你永远不需要堕胎，也难免过于天真。所以如果你要进行这一步，我也有方法提供。要想打掉胎儿，这个女人就得辛苦跋涉，骑在马背上颠簸。她还要到处剧烈跳动，举起对她而言特别重的东西。如果这还不奏效，就混合被煮过的亚麻籽、药蜀葵和艾蒿，让她泡进去。还可以把同样成分的膏药涂进阴道，或将黑麦、蜂蜜和鸢尾混合，倒入橄榄油摇匀然后喝

---

① 在古罗马占星学中，十二星座被分为阴性星座和阳性星座。阴性星座包括金牛座、巨蟹座、处女座、天蝎座、摩羯座和双鱼座。——译注

下去。

　　丈夫在别处寻欢，就和妻子应完全忠于丈夫一样正常。时间会摧残我们所有人，很多男人难免会厌倦自己的伴侣。这让我想起一个故事，一位监察官在普查时监督公民宣誓，誓言中有涉及妻子的部分。正式流程是这样的，监察官问道："如果您乐意就请回答我，您有妻子吗？"一个爱开玩笑的人忍不住回答："我确实有个妻子，但是我以赫拉克勒斯发誓，我相当不乐意。"然后某天我听到了一个更好笑的笑话，说一个学者快要死了，他的妻子说："如果你死了，我也上吊跟你去。"学者说："你为什么不能趁我还活着让我高兴一点儿呢？"

　　与有夫之妇通奸是对她丈夫犯下的罪行，或者丈夫可以对你施加重刑。如果让对方抓到，你大概免不了一顿棒打，被从房顶上扔下来。想要逃走？还会被迫付一大笔补偿金。丈夫会在你身上撒尿，切掉你的睾丸，或者用大萝卜鸡奸你。如果你坚持走这条路，就要好好听我接下来的话。

　　把注意力放在剧院里，在那可以找到各种对你胃口的女性：想要快速调情的女人，追求摸一把、亲一下的女人，还有其他各种为了满足欲望而招惹你的女人。剧院里的女人，都穿得花枝招展，叽叽喳喳说个不停，如同一长队蚂蚁，或嗡嗡围绕鲜艳花朵的蜜蜂。她们来剧院里看戏，但更重要的是被人观看，在这里，女人所有与生俱来的谦逊都从窗户飘了出去。你会发现，要在这里做出选择，难上加难啊。

挑选好了情妇，马克西姆斯竞技场就是你们在公众场合见面的最佳地点。拥挤的人群可是提供了许多便利，你们不用假装没注意到对方，也不用偷偷摸摸地比手势沟通。在竞技场里，你可以坐在她身边，靠得越近越好。这简单得很，因为不管怎样，竞技场的座位都很窄，逼得你不得不这么做。你要对你情妇喜欢的那匹马表现出极大兴趣，和她一起为它欢呼加油。也许有一片灰尘会落在她的胸部——当所有马匹绕泥土赛道奔跑时这常有发生，你就可以用手为她掸掉。甚至没有任何灰尘的时候，你也要假装有，不停地用手去掸。竞技场还为你们创造了很多机会。如果你情妇的裙子拖在地上，就替她拾起来，她会为你的体贴道谢，而你可以趁机在这么做的时候偷看她的腿。还有，你可以转过身，告诉坐在她身后的人不要用膝盖顶她的背，这也体现了你对她的贴心。很多人会为情妇带一个靠垫，也可以用节目单给她扇风。像这样的小技巧才能赢得女人纯洁的芳心。

当然了，你也会有想切断关系的时候。只是当作消遣的玩乐当然没什么，但如果这婚外情持续太久难免招人侧目，可能还会惹怒你的妻子。你要是想终止恋情，就别让自己太悠闲，要忙碌起来。目标静止时最容易让丘比特的箭射中，那就让自己动起来，维纳斯那喜欢恶作剧的儿子很快就会失去对你的兴趣。专注于你的生意吧，去议事广场上转转，或是和朋友们在一起，参军也可以。如果你找不到任何事可做，你就玩骰子，也可以痛饮一场麻痹你的精神，防止点燃爱情的火花。最后爱情就会放弃你，留你一人清静。

如果你懒得卷进风流韵事，那么妓女就是一条通向性愉悦的简单途径。你要是认为年轻人不该和妓女厮混，那也太苛刻了。年轻人何时不这样？这又何时被禁止过？逛逛窑子，汲取经验，享受性欲的放纵，而不是和尊贵的女人私下通奸。找妓女好过糟蹋别人的妻子，别总跟在戴婚戒的女性身后献殷勤。实际上，就像我的解梦者阿提米多鲁斯说的，梦到和妓女性交预示会发生不大光彩的事，也会让我小小破费。妓女收费低廉，同时又无甚害处。但你可能会沉迷于此。诗人贺拉斯对待性事就无所限制，他时常在四周镶嵌镜子的卧室内召妓。

要找妓女，法子很简单。我曾去过的最好的窑子就在柯林斯的阿芙罗狄忒神庙。庙里有一千多名女奴，都是被热诚的崇拜者献给女神的。这些女奴可以租给女神的礼拜者，只要在女神辖区内与她们发生关系，就是对女神献上荣耀。女奴很快就声名远播，她们越来越受欢迎，这座城市也很快就热闹繁荣起来。

遗憾的是，罗马城内的妓女质量就没那么高了。很长一段时间内，希腊和叙利亚都把社会的败类赶入我们伟大的城市。无论你走到哪里,都会听到外国语言,见到异邦习俗,马克西姆斯大竞技场里站着一圈这些国家的女人。我在那里的体验糟透了,勾搭我的那个妓女居然还戴了顶假发来掩盖秃头,脸上沟壑纵横,都是皱纹,看上去像只上了年纪的猩猩。她只剩下了四颗牙,胸部像蛛网般下垂,声音嘶哑活像个青蛙,她的口气闻起来如痰盂一样臭,一股子发情公山羊的味道。

和你的奴隶上床可谓是最简易之法。他们是你的财产,只要你乐意就可以从他们儿那找乐子。很多主人都会有一个最喜爱的奴隶男孩,为了突出美貌他们还会身着女装。注意别让他们易装太久,一旦不敌年岁的侵扰,接近成年,这些男孩看上去就会十分怪异。比如拥有军人的体格,但却没有胡子,因为他把时间都花在清理面部毛发上了。

如果和女奴发生关系,你就要小心妻子会产生嫉妒。如果你花了一个下午和年轻女奴在奴隶宿舍中缠绵,你就是自找麻烦了。当然,你妻子的愤怒还伤不到你,但可怜的女奴就得遭殃。当女奴为她打理头发时,女主人会拉扯她的头发,从背部撕开她的衣服。她会刻薄地叫道:"这卷发为什么给我做那么高?"她还会用发簪刺女奴的手,或者用鞭子抽打她。

总有些人沉迷奇怪的性体验,有些男人享受成为被动的角色,而还有些人更离谱,直接打扮成了女人。

他们把头发弄卷，用大量的化妆品让肌肤柔嫩，还剃光体毛，穿上女人的服饰，甚至走路也像女人一样轻柔地踮脚而行。这种行为不常发生在人群中，但也没人认为阴柔的或是在性交上喜欢被动的男性是患有某种疾病。一旦一个男人作女人打扮已成事实，那便不是他们有任何生理上的疾病，而是思想遭到了腐化。同样，那些通过摩挲其他女人而得到性快感的女人也是如此。不论什么原因，我无法否认这行为确实很普遍，多留心就不难发现。

说到极尽性之愉悦，很遗憾，我不得不承认皇帝们给出了最糟糕的示范。他们令人羞耻的行为也足以警告你们，没有节制的色欲将带来什么下场。卡利古拉和妓女皮拉利斯之间的丑事早已臭名远扬，他甚至还和自己的姐妹发生过不伦之举。事实上，只要他看得顺眼，没有人能不落入他魔爪之中。他经常会邀请一些女士和她们的丈夫共同赴宴。当女士们躺在躺椅上时，他会像物色奴隶一样仔细打量这些女人。随后他离开房间，让人把最中意的那个女子送入卧室。这两人很快就会衣冠不整地回来。然后卡利古拉便口无遮拦地大谈这女人在床上的表现。

尼禄在性的耻辱柱上也有赫赫大名。除了虐待自由民男孩、勾引人妇，据说他还胆敢诱奸维斯塔贞女鲁布里亚。他阉割了一名叫作丝波洛斯的男孩，试图让他变成一个女人。尼禄还与他结了婚，应有的典礼都照常举行。有人开玩笑说,当年尼禄的父亲没娶这样一个妻子,真替全天下感到遗憾。丝波洛斯穿戴着皇后的华服和首饰,坐在一顶轿子里,随同尼禄在罗马巡视,皇帝时不时还会充满爱意地亲吻他。尼禄还渴望和他的亲生母亲小阿格里皮娜乱伦。有传闻说,每当他们共乘一轿时就会行苟且之事,他衣服上的污渍就是证据。他甚至发明了一种新的性爱游戏。尼禄会穿上野兽皮,从笼子里跑出来,朝被绑在木桩上的男男女女的生殖器奔去。我听说,尼禄坚信所有的人都不纯洁,无论外在表现得多么朴实,内心都藏着淫邪之念。因此若有罪犯承认内心之龌龊,尼禄就会赦免他们的罪。

  如果要为这场淫乱的竞赛颁发桂冠,那提比略一定受之无愧。他在卡布里岛上退隐之时,据说建造了一个专门用于淫乐的套房。墙上满是春宫图,房间里摆满了淫荡的塑像。套房中有许多张床,提比略就在这些床上和成群的年轻男女厮混。这些人都是被精心挑选出来服侍他的,擅长各类偏门淫术。如果提比略自己提不起性欲,就让三个人一组当着他的面交媾。这套间里甚至还有一间色情图书馆,想要什么体位都能在书中找到对应的图画。传闻说他还训练了一批称为"小鱼"的小男孩,让他们在他游泳的时候爬到他的大腿间,通过舔舐和轻咬来逗弄他。据说在一次祭礼中,提比略迷恋上一位参加典礼的男孩,他失去了理智，冲到卧室强奸了这个男孩和他在典礼中担任吹笛者的哥哥。两兄弟事后对这次侵犯颇有怨言，提比略就砍断了他们的双腿。

我怀疑这上面所说有些夸张的成分，但就算是更为自律的君主，如奥古斯都之流，他们也是纵情声色。奥古斯都非常沉迷与人妇通奸，尽管他常声称自己是出于政局需要，因为可以借助妇人之口知道她们丈夫的真实想法。君主的朋友们也一直为他提供出身良好的妇人和女孩，在进献之前还会亲自脱衣检查，以确保合适。奥古斯都将婚姻看作是一种政治手段。他年轻时曾与普布利乌斯·赛尔维利乌斯·伊索里库斯（Publius Servilius Isauricus）的女儿订婚，但当他与马克·安东尼在第一次决裂和好后，两人的军队都坚持要通过联姻加强关系，奥古斯都便与安东尼的继女克劳迪娅（Claudia）成亲，当时她尚未到结婚的年龄。后来，奥古斯都与岳母傅尔菲亚（Fulvia）闹了矛盾，他就和克劳迪娅离婚了，没碰过她一根手指头，克劳迪娅还完完全全是处女之身。不久，他又和斯克里波尼娅（Scribonia）结婚，后者的前两任丈夫都是执政官，还和他们分别育有一个孩子。当斯克里波尼娅抱怨奥古斯都到处留情，他就干脆和她离婚，说自己已受够了她的坏脾气。转眼他就又娶了利维亚·杜露莎（Livia Drusilla），尽管当时她怀了丈夫提比略的孩子，不过，从那以后再也无人有能力与她争夺奥古斯都的宠爱和感情。

虽然自己行为如此，奥古斯都还是热衷于提升罗马的公民道德。他通过法律来控制通奸，严惩被抓现行的强奸。破坏他人婚姻、引诱处女或受尊重的寡妇都会受到制裁。法律允许父亲们杀死他们的女儿及其通奸对象，也要求丈夫们与淫荡的妻子离婚。犯下罪行的男女还会被流放到不同的岛上。奥古斯都自己也不得不惩罚自己的女儿朱莉亚，因为她的淫乱之事已成了罗马的谈资。他把她流放到第勒尼安海（Tyrrhenian Sea）的旁德塔利亚岛（Pandateria）。他鼓励人们成婚，生下合法的后代。如果生育了孩子，尤其生下三个男孩，父亲们就会被奖励，而到了适婚年龄却拒绝结婚的人则会被剥夺继承权，也不得出席公众赛事。这些都表明：你得照皇帝说的去做，但千万别学他们自己的做派。

— 评 述 —

古罗马是一个父权社会，罗马人认为所有年龄段的女性都需要处于男性的指导和保护之下。罗马婚姻是两个家庭间半包办的产物，父亲在其中扮演着关键角色［见小普林尼的《书信集》(1.14)］。卡图卢斯（Catullus）在《诗集》(Poem 62) 中提到，女孩子的贞洁有三分之一是属于其父亲，三分之一属于母亲，还有一份才属于自己。在家庭中，女孩的想法会被轻易否决，因为她从小到大就受到教育要顺从父亲的想法。罗马女孩的结婚年龄尚不清楚。有些铭文显示，女孩通常在16~18岁结婚，但建造石碑价格高昂，这也表明我们看到的可能只是有钱人家的例子，因为他们也有能力把女孩在家里多养几年。12岁是罗马法定最小的结婚年龄，但我们也知道很多更小女孩结婚的例子。不论怎样，当时没有出生证明，大多数人对女孩的年龄可能只有一个模糊的概念。女孩通常会嫁给比她们大上很多的男人，可以想象她们的压力有多大。比如，有一个女孩就从新婚丈夫的房子里逃走，因为害怕即将等待她的初夜。初夜进行肛交是有可能的，因为塞内加在《争辩》（Controversies 1.2.22）、马提尔（Martial）在《讽刺短诗集》（Epigrams 11.78）中都对此做了心照不宣的暗示。

古罗马的婚姻与其说是爱情，不如说更像是一桩买卖。在《阿斯特兰普苏克斯神谕集》（Oracles of Astrampsychus）中，关于"我是否会结婚，并且这段婚姻是否会对我有利"的问题，神谕给出了十个可能的回答，只有一个答案说求问者会和他/她认识或喜爱的人结婚。神谕大多数答案说这段婚姻不愉快，充满了遗憾，离婚率也很高。提问者关注个人在婚姻中的利益，或许也强调了罗马人对待婚姻的态度。这并不是说罗马的婚姻永远不会因爱产生，或双方之间永远不会培养出浓烈的情感，但很明显，婚姻在罗马人看来是一种义务和负担，这一观点也在革利乌斯的《阿提卡之夜》（1.6）和穆索尼乌斯·路福斯（Musonius Rufus）的《语录》（*Discourses* 13b）中有所讨论。

奥维德的作品为我们提供了最好的资源，得以一瞥罗马人对性的态度。虽然很难说他的观点多大程度上可以代表普通罗马人。奥维德认为女性喜欢粗暴的方式，见其作品《爱的艺术》（*Art of Love* 1.663-1.680）。在他的《女性面部护理》（*On the Facial Treatments of Ladies*）中，也可以看到很多美容秘方。奥维德在《爱情三论》中记载了治疗不举的方子，而佩特罗尼乌斯的《讽刺小说》（138）中也有相关内容。在《希腊魔法纸莎草》（*Greek Magical Papyri* 7.184-7.185）中还提到了一种相当于古代"伟哥"的药物。奥维德还著有《爱的治疗》（*Cure for Love*），告诉你如何不为恋情所扰。医学作家索兰纳斯（Soranus）听起来像是电影《医生也疯狂》里的医生，他的著作中包含了更多有关女性特点、避孕、怀孕和生产的内容，详见由医学家塞利乌斯·奥雷利安努斯（Caelius Aurelianus）翻译的拉丁文版本。关于用萝卜来惩罚通奸者的记载，见贺拉斯《闲谈集》（1.2）和卡图卢斯的《诗集》（15）。

古罗马男性对召妓的态度则较为宽松，甚至连神庙（比如科林斯的那座神庙）有时候也会被当作妓院，见斯特拉波（Strabo）《地理学》（Geography 8.6.20）。在占星学家费尔米库斯·马特尔努斯（Firmicus Maternus）的《占星学八卷》①（3.5.23;3.6.15）和塞内加的《道德书简》（122.7）中都提到了男性的异装癖和做出女人举止的行为。琉善的《两种爱》则讨论了同女人或男孩性交的利弊。其实，只要男性在性交中占主动地位，罗马人便不关心性交对象是谁。苏维托尼乌斯的《罗马十二帝王传》是几位帝王私生活秘闻的来源，但也不应将里面的记载全部当真。实际上，大多数罗马人不像皇帝一样拥有这种自由，何况奥古斯都曾试图用更高的标准约束人民的行为，即便这一标准不可能广为推行。令人伤感的是，被奥古斯都的道德标准所压迫的一位著名受害者，就是诗人奥维德，他关于性爱和通奸的诗句触碰了当局的底线（他本人也可能和维斯塔贞女有过私情）。这位罗马情场老手因此被放逐到了黑海的多弥斯（Tomis），那是奥古斯都能想到的最荒无人烟的闭塞之地。可怜的奥维德只能在那虚度时光，直到死去。

---

① 这套书创作于公元前4世纪，是八本占星学著作的总称，包括《数学》《恒星的能力和影响》等。——译注

第五章

经营家庭

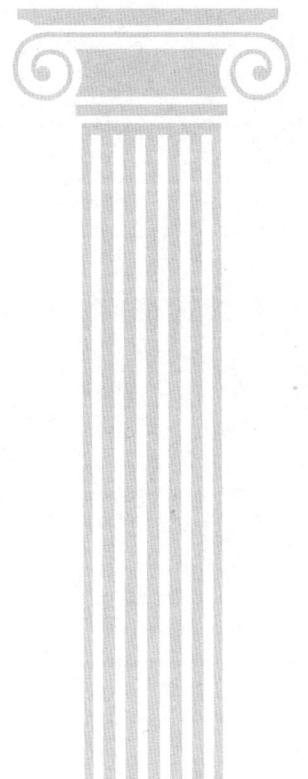

怎样培养一个贤良的妻子？应该如何抚养孩子们长大？如果你想把家庭打理得井井有条，收获幸福美满，以上这些都是必须回答的问题。如果一个男人的妻子在光天化日之下和多个情人打情骂俏，他的孩子们又公开违抗他，那么这个人又有何快乐可言？本章，让我来和你说说，怎样才能高效有序地经营你的家庭。

先来描述一下我妻子的美德吧。像我们这样长久的婚姻可谓少之又少——很幸运，我们已结婚超过二十年了。这段婚姻也让我逐渐明白，一个好妻子是如何炼成的。首先，她拥有无比独到的眼光和勤俭之美德。她对我的爱都直接写在脸上，对我的忠诚众人可鉴。她甚至开始学习识字以便拜读我的作品，甚至有些片段她能够背诵出来。我们之间的和睦与日俱增。每当我着手开始做研究，她就对我关切满怀，而完成之时，她比谁都要高兴。如果我在元老院里演讲，她就会派一名信使前去，向她汇报我的演讲反响如何。当我向公众朗读我书中内容时，她就会坐在不远的地方，躲在帘后，这样就可以一字不漏听到他们对我的赞扬。爱是她做一切事情的动力。她爱的不是我的青春或容貌，以上两者都会随着时间缓慢流逝，她爱的是我的光辉。这些美德都是她父亲教给她的，她良好的家教使她从出生开始就对虔诚和道德耳濡目染。

她的贤惠也夸不完。她忠心、温顺、和蔼、理智，总是勤勤恳恳地梳理羊毛。她信仰虔诚但不迷信，穿着朴素,很少打扮。她全身心投入到了家庭中,像对待自己母亲一样照顾我的母亲。在朋友和自己所爱的人面前,她表现得慷慨大方,这方面能和她匹敌的只有她的姐姐。我妻子在我们家中抚养她家族的女性晚辈,保证她们拥有足够的嫁妆,以后能寻得一门好婚事。我说这个并不是想标榜自己给妻子娘家的孩子赞助嫁妆,只是想澄清一下,这都是我妻子的主意。

很多年来,我妻子深深为自己无法生育感到沮丧,也为我没有继承人而深陷痛苦。她提出了离婚,主动让位给更加多产的女性。她还到处为我物色另一位新人,只要能配得上我的荣耀。她还说她不会要回自己巨额的嫁妆,并愿意担任我新妻子的姐姐或婆婆的角色,对待新出生的孩子也会视如己出。谢天谢地,在这紧要关头她最终还是怀孕了,免得我做出这般艰难的抉择。

对于大多数女性来说,我妻子是一个遥不可及的榜样。但是,对于你们中一些已为人妻的读者来说,我可以提供几条规则,这是我婚姻智慧的结晶,做到这些就能让你们的丈夫心满意足:

● 不要妄想新婚的浪漫火花能够持久燃烧。一开始被欲望点燃的火苗只有在找到更为耐久的燃料时才能烧得长久。

● 当男人娶一个女人为妻时,应该明白为什么娶她。的确，他娶她是为了生孩子，但也希望能获得妻子的照顾。

● 远离太阳时，月亮皎洁光明，但却会在靠近太阳时黯然失色。一位谦卑的妻子则相反：在外抛头露面发光发热时，应该有丈夫陪在身边；而当丈夫在外奔忙，她就该躲在家中。

● 若无法映出真容，再多珠宝镶嵌的镜子也是摆设。同样，一位富有的妻子如不能顺从丈夫的习惯，那也是徒有其表。为人妻子就不应有自己的情绪，而应顺应丈夫的心情。他开心时为他所讲的笑话发笑；他伤心时也要陪他落泪。

● 妻子不应该有自己的朋友，但要与丈夫的朋友建立好友谊。她也不该私下崇拜任何神祇，她应只承认她丈夫信仰的神。

● 要保持愉快的婚姻，"我的"和"你的"这两个词尽量别提。所有一切，无论好坏，都应该是公平分享的，这样夫妻之间的纽带就会更加紧密。上天通过孩子教给了你们这个道理，你总不可能说孩子哪个部分是属于你们中谁的吧。所以，把你们的财产放在一起，让丈夫代为管理。掺了水的酒大部分是水，我们仍叫作"酒"，所以，就算房子和财产中的大部分来自妻子的嫁妆，我们仍会认为它们属于丈夫。

● 一个罗马人和他朴素、美丽、有钱的妻子离婚了，被他的朋友好生指责一番。作为回应，他脱了鞋说道："这是双好鞋，但你们却不知道我穿着它一点儿也不舒服。"同样道理，妻子不应只靠带来的大量嫁妆博取丈夫的欢心。相反，她更需要成为丈夫的好伴侣，一个赏心悦目、讨人喜欢的角色。正是那些众人看不到的平日争吵才会让两人关系僵化，带来最深的伤害。

● 女人永远不该妄想控制她的丈夫。男人天生就要掌管自己的妻子，但不是像主人对待奴隶那样，而应如灵魂一样，以理解和善意领导身体的行为。

● 希腊将军命令士兵，敌军若是大喊着冲过来，他们依然要保持安静；但如果敌军一声不响地进攻，他们就该呐喊迎战。同样，一位明理的妻子会在暴怒的丈夫面前保持安静，但如果丈夫消沉低落，就应尽全力鼓舞他的士气。

● 妻子应该像蜜蜂围绕花朵一样追随着丈夫，从他那里汲取智慧的蜂蜜。如果丈夫明确说要杜绝铺张浪费，那么他在妻子的房内也不会看到金杯、画作、骡子的装饰和其他奢侈品。这种话多说几遍总归不会错："亲爱的，你就是我的老师和向导。"如果丈夫教授她学习地理学知识，她就会为自己还在做跳舞这种蠢事感到羞愧；如果丈夫教授她学习哲学，她就会嘲笑那些相信女巫说自己能将月亮从天上拽下来的人；如果丈夫帮助她了解天文学，她就不会再为一闪而过的日食感到害怕。

如果只有一条黄金法则，那就是妻子应该顺从丈夫。我的释梦者，阿提米多鲁斯说："如果一个男人梦到他和妻子性交，而梦中的妻子又十分情愿和顺从，没有一丝抗拒，那么这梦就是极好的兆头。"一名妻子应该像侍奉主人一样服侍丈夫，当然，丈夫对妻子要比对奴隶好得多。

目睹一位丈夫失去好妻子，实在叫人不忍心。最近，我的朋友马克里努斯就经历了这最刺骨锥心的悲痛，他的妻子去世了，一位就算在古代也是贤良出众的女子。他和她共同生活了三十五年，一直和谐美满。她对他如此景仰，身上集合了众多妇女应有的美好特质。唯一能让马克里努斯感到欣慰的是，他已享受了如此长的美好婚姻。他妻子是个大度宽容的女人，当知道丈夫和一个年轻女奴有过苟且之事，她也假装不知道。她认为女人不该指责自己的夫君，不应冲着这位伟大的男人发泄自己的情绪。而且，她从未对这位女奴抱有任何歹念，甚至竟放还她自由，让她成了一位释奴的妻子。

妻子的职责是为丈夫生下儿子。你应该知道怎么怀孕。正如播种也讲究天时，同房并不一定会开花结果。为了更好怀孕，你应该在经期结束后同房，在性冲动强烈时同房，在没有过分饥饿，也没有因过度饮食而过饱时同房。如果你饿，就在之前吃点儿小点心。

　　如果怀孕了，你就要注意流产的风险。我妻子在刚结婚的时候曾经流产过一次。那时她还是个小女孩，没意识到自己怀孕了，所以没有采取任何孕妇必要的谨慎措施。如果快临产了，你就一定要找个好产婆。好产婆拥有丰富的知识和经验，面对危急情况也能保持冷静和从容，能清楚地给你讲解她所做的每一步。她会让产妇安心，也能体会她的疼痛。产婆要随时保持清醒的头脑，因为不知何时她就会被叫去接生。她还应该是个谨言慎行的人，因为她会知道很多秘密。她还不应该迷信，这样就不会因为一些征兆或者乡野习俗而忽视任何救助的可能。

　　还有一些关于生孩子的文章就简直是胡说八道了。我有一次读到过一本很有意思的书，是讲人们在月球上如何怀孕的。书里说月球上的婴儿不是女人所生，而是男人。而且在月球，只有男人和男人结婚，他们从来没听过"女人"这个词。每个男人在二十五岁前都是别人的妻子，之后才会成为丈夫。因为男人没有子宫，所以他们是用小腿肚来生孩子。男人怀孕之后，他的小腿肚就会膨胀。过上一段时间，他们就把小腿肚切开，接生出孩子，但通常孩子都已晕死过去，所以必须让婴儿张开嘴，抱着他站在风中才能让他重新活过来。但这不是新生命诞生的唯一方式。在月球上还有一种"树人"，他们是这样出生的：切掉一个男人右边的睾丸种在地下，泥土里就会长出一棵肉做的大树，看上去像根巨大的阴茎，但是树上会伸出枝干，结的果实就有甜瓜那么大。成熟后人们摘下果实，一个男人就会从壳中跳出来。书中说，月球人还有一些人造器官，一般用象牙制成，而穷人会用木头。他们用这些器官来性交。真是个荒唐至极的故事啊！你会相信吗？

生产并不是唯一要孩子的办法。在我妻子成功怀孕之前，我曾从一个女人那里买过一个孩子。那女人无力喂养这女孩，自愿把孩子卖给我。孩子看着很健康，我也让她的母亲签了一份合同放弃对女孩未来的所有权，除非她能够弥补我这些年来的抚养费。后来，我妻子怀孕了，我便不再需要这个女孩，就把她给了我的一个女奴，让她当自己的孩子养。这女奴一直养她到八九岁，但孩子却发热死去了。我很庆幸，我妻子还没有和这孩子发展出感情，所以她并没有感到特别难过。

当然了，不是所有你妻子生下的孩子你都想要抚养。婴儿只有在出生八九天后才会起名，然后由父亲来接纳融入这个家庭，这之后才算是一个真正的人。在那之前，父亲有权决定是让他活下去，还是结果了他。养孩子很花钱，作为一家之主，你有义务保证大家都有充足的物资来维持生活。三到四个孩子是比较理想的，因为你永远不知命运何时会夺走两三个，你也可以指望那些活到成年的孩子在你晚年时照顾你，并继承家族之名。所以，如果妻子生下了多余的孩子，你就应该让她把他们丢在城里的垃圾堆或者路边。婴儿是男是女可能会影响你的决定，因为多养一两个男孩总归没有坏处，但女孩却很费钱，迟早要给她们准备一笔嫁妆。有一次我命令妻子去做这种罪过之事。那个女孩很健康，但出生的时候天上星象排列十分不祥，看起来，养这样一个命运多舛的孩子也无甚意义，尤其是我们已经有两个女儿了。我不情愿地让妻子把这孩子从家里弄出去，以防为我们带来霉运。她一遍遍哀求我，想要我改变主意，但我不为所动。我比她更清楚这些事情，已下定了决心。妻子把孩子放在路边，在脖子上为她系了个护身符，好让她远离危险，而且若命运让我们再次相逢，将来也能认出她来。我觉得有时候扔掉孩子没什么坏处。不过，我知道还有很多女人直接就把不想要的孩子扔在附近的井里了事。

气色好的弃婴经常会被奴隶贩子捡走，由乳娘养到五岁左右就卖了他们。一些人自己死了孩子，也会把弃婴捡走抚养以慰哀思；还有一些无法生育的人可能会用这种方式收养孩子。但我得说，并不是所有的弃婴都会被捡走。很多孩子死于寒冷，或被野狗吃掉。

如果你不幸是个穷人，又生了很多孩子，你就该考虑一下把他们卖作奴隶。有时你们会见到路边有孩子在乞讨，其实背后都有团伙在操纵。他们弄断孩子的四肢、割掉舌头，让他们看上去更加可怜，也容易得到更多的施舍。有时我妻子路过这些乞丐时，情绪会突然低落，因为如果我们抛弃的那个女婴能活下来，差不多也和这些小乞丐一般大。我提醒她，我们在那个女婴的脖子上系了个项链，所以如果遇到的是她，我们一定会认出来。

还有一种减少家里人口的办法，就是把多出来的孩子送到亲戚家中抚养。如果你觉得自己只是一时贫穷，想留下所有孩子，就应该调整一下家里的口粮分配。最重要的是喂饱家中的赚钱主力，你需要保持他们的体力。分给女人、女孩和体弱孩子的粮食就要减少，你或者可以喂他们点儿动物吃的食物，比如橡子和野豌豆。你还应该让孩子们出去工作贴补家用，而不只是在家坐吃山空。男孩子到了七八岁就可以跟着手艺人做学徒，不仅能得到一笔微薄的薪水，还能学到一门赚钱的营生。女孩子可以在珠宝工匠那儿找到工作，或者在漂布工坊里帮人洗衣服，用旧衣物织拼布。

对于你决定抚养的孩子，作为父亲，你应让他们受到良好的教育。如果把孩子留给母亲照看，她就只会搂搂抱抱，甚至不敢让他们晒太阳，因为母亲总希望孩子们可以永远远离烦恼、泪水和困难的事。父爱就完全是另一回事。他会让孩子们早起学习，甚至在节假日里也不允许他们游手好闲。父亲随时都能让孩子流汗流泪。

你当然不可能永远在孩子身边,所以,还需要雇一名保姆来替你监督教育孩子。你要确保她是个说话得体的人。孩子最早听到的就是保姆说话的声音,会最先模仿她的用词。你还必须确保保姆一直品格纯良。孩子非常易受影响。一只新锅很容易吸收强烈的味道,孩子也很快就会沾染最初照看他们的人的恶习。如果男孩子最初的口音和习惯没有被带坏,后面的教育就会简单得多。

最好还是尽早让孩子接受良好的教育。具体采取什么教育方式也很难说清楚。你应该注意别刺激他们生气,或是磨灭孩子的天性。自由滋养天性,而压制则会摧毁它。但自由若不受约束,孩子就会变得无礼而蛮横。因此,你必须在这两个极端中找到一条中庸的道路,既有萝卜也有大棒,让孩子在平稳的道路上前行。不要羞辱孩子,或像对奴隶一样对他,也千万别因为他的卑躬屈膝和几声哀号就给他奖励。只有表现得好才应得到奖赏。

男孩子的教育必须在很小的时候就开始,因为越小越好管教。还有,如果你尽早训练他养成良好的习惯,未来就不用受强迫他抛弃恶习之苦。如果一个男孩子没有廉耻心,对名誉漠不关心,那么就很难教养。这种孩子做错了事,你除了动用恐吓也别无他法。

教育中最重要的就是教孩子说真话,辨谎言。如果男孩说谎,就要严厉地骂他,必要时打他一顿。诚实是美德之巅峰，而说谎是罪恶之魁首。说谎之人永远不会发达。孩子还须对父母、老师和其他受过教育的人表现尊敬，做不到这一点的人难以成功。你还应教育年轻人要有为他人服务的意识，这对富有家庭的孩子尤其重要，因为他们生来不需要听人对他们指手画脚。被老师体罚时，男孩子绝不能落泪、尖叫或者求饶，这么做是懦弱和胆怯的象征，也是奴隶才会有的行为。男孩子得对金钱产生厌恶，你要告诉他，金钱就像毒蛇，毒液进入体内会摧毁整个身体。他也应该有玩乐的时间，但只能当作是为更好地学习而进行的放松。

  应该教育男孩子，不能到饭点了就横冲直撞跑去吃东西，也不能盯着食物目露凶光。你得找个法子让他对食物不屑一顾，如果他继续表现出贪婪，你就告诉他，贪婪是猪的特性，而表现得像猪，就和猪没什么两样。坐在桌前，你不能让他伸长胳膊要这要那。孩子要克制自己，拿少量的食物细嚼慢咽，不应让食物塞满口中。用餐时不能把手、嘴巴和衣物弄脏，不能舔手指，也不应该做最后吃完的人。桌边有其他人，尤其是客人时，不可以坐在那里盯着他们看。有时，你也要让孩子吃些白面包，让他习惯简单的饮食，教给他自律的道理。这些都是将来非常有用的特质，尤其在他生活贫穷之时。不要在早餐的时候就让他吃撑，只有晚餐是允许这么做的，这样对他的心智和身体都有好处。一大早吃得脑满肠肥,听课时就没办法保持头脑清醒。

孩子应该在上完课后才吃饭。不应食用过多的肉类,因肉类会让大脑迟钝,让孩子肥胖,阻碍他的茁壮成长。甜品和水果也要少吃,不然他就会爱上奢侈和享乐。不要让他一边吃东西一边喝水,水会膨胀食物,让胃里更加沉重,只有吃完才允许饮水。在孩子成人之前不能让他喝酒,酒精荼毒的是身体和心灵,会改变人的心智,让人变得愚蠢、粗鲁、轻佻、易怒。这是最能腐化男孩的东西了。他也不应该和平民混在一起,以免接触到很多污言秽语和毫无见识的观点。

睡觉不是用来享受的,睡够了就好,太多睡眠是有害的,它能麻痹身体,使心灵退化。孩子应该在破晓就起床,飞快上完厕所,这样身体里积累的所有肮脏之物就能快速排出,这对于保持思维敏捷、能量充沛和维持整体健康是最有益的。你也不能允许他白天睡觉,除非是生病。睡觉的床也不应过于柔软,因为这会让他变得和床一样软弱。男孩子需要硬朗的体格、强壮的心灵,这些只有坚硬的床才能塑造出来。

偶尔暴露在严寒酷暑中比从不受苦要好,不然的话孩子就会变得软弱、娇气、有气无力。他应该从事多种运动——徒步、跑步、骑马,你也不能太过宠他。别让他穿柔软精致的衣物,这只会让他像女人一样,总想着花钱去买衣服。告诉他要出门必须披上斗篷,在公众场合也不应步履急促，步速过快说明此人莽撞。你务必不能让孩子留长发、戴耳环或其他饰品。相反，你要让他明白，对男人来说，这些阴柔的行为有多可耻。他也绝不能在穷人面前炫耀自己的财产。他还应该尊重长辈，当有长辈进入房间时必须起立以示尊敬。

你必须警告你的儿子，性有多么危险，教育他在结婚之前别去了解性有关的知识。这样他就能学会自制，确保他的名誉一直纯洁无瑕。戒断色欲可以让他在心灵美好的同时也发育出强壮的体格。

男孩子不应该结交固执霸道、好胜心强的朋友。他不可以说粗话，应该礼貌有加地享受愉快的讨论。他应该在学习时变得乐于竞争，应该为自己在考试中夺得头筹而骄傲，也为从不接受任何人无偿的帮助而自豪。你应该花点儿心思，教会他享受胜利的快感，而不伤害对手。当他获胜时，你对他的表扬要适度，不然他只会变得自视甚高。独生子女都非常容易被溺爱和宠坏，这样的孩子便无法应对批评和失败，因为从没有人对他们说不。每次一掉眼泪，总会有忧心忡忡的母亲替他们擦去。

一些人认为，在七岁前，男孩子不应该学习阅读和写作。他们说太小的孩子没办法集中精神，也应付不了教育的重压。但你最好别让孩子的头脑闲着，他们除了用这些时间无所事事、养成闲逛的习惯，还能干吗？早期训练能够在孩子记忆力最强的时候给他以锻炼。我不是建议你要让男孩子去做什么真正的活，你只是要让他享受并爱上学习，这样才能发展出对待学习的正确态度。让学习成为一件乐事，激发他的好胜心，这样他就会在超越同龄人的时候获得快感。你通过适度夸赞也能让他乐于做得更好——认为自己大部分时候都能做好。但也不要做得过分，这样孩子就会认为得到你的赞赏是天经地义的。

男孩子一旦学会认字写作，就应该交送到文学老师的手里。孩子会跟着他学习两方面的内容：在公众场合演说的艺术，和学会理解如荷马、维吉尔等伟大诗人的作品。这两者包含了从表演到翻译，再到诗歌创作的许多技巧。但光读诗是不够的。男孩应该细致学习所有的文学作品，不仅学题材，还要学习文学风格。他也应该接触音乐，以知晓韵律和节奏；学习天文学，以了解宇宙运行之规律；学习哲学，以明晰自然之法则。要讨论这些主题就需要宏大且能脱口而出的词汇量，可见，文学和口才是相辅相成的。这些积累即便在孩子老年之时也足以成为他的乐趣所在，因为书籍是我们独处时甜蜜的伴侣。

女儿的教育就应该由母亲来负责。女孩子要学会怎样纺羊毛、做针线活和管理全家的奴隶，尤其是厨房奴隶。教她识字能让她更好地参与餐桌上的谈话，虽然对女孩来说，音乐是比文学更合适的一种素养。如果你很穷，就得教她一些实用技能，比如采买食材、烹饪，可能还有怎样数数、做减法和计算分数。总之学习的目的都是一样的：让她找一位金龟婿。

至于为孩子找后妈，我得给你提个醒。如果你在离婚或丧偶后再娶，就得留个心眼，好好观察你的新妻子是怎么对待你与前妻的孩子的。无论是出于本能还是个人选择，后妈都永远不会爱她的继子。她会将宠爱倾注于自己的孩子，而憎恶其他女人十月怀胎生下的孩子。她往往会把食物留下来给自己生的孩子。若你不知道，就会发现后妈生的孩子开开心心、白白胖胖，而另外的孩子却消瘦憔悴，身上还有瘀青。

作为一家之主，你还有责任管教你已成年的兄弟们。父亲去世后，我曾写信给仍和我母亲住在一起的弟弟，因为我听说他对母亲不甚尊重。"母亲给了我们生命，理应得到我们的敬重，而且不论怎样，她都是我们美德的模范。所以你要好好照料她，"我警告说，"如果再让我听到你和她顶嘴，我就过来扇你的嘴巴。"

啊，我的母亲——真是个女神一般的人儿！最近她生了病，太让我揪心了。她在拜访一位维斯塔贞女的路上染了风寒。她日渐消瘦，健康状况一直在走下坡路，而她的精神意志却依然顽强。一想到如此杰出的女性将离开人世，我就悲恸不已，再也没有人能超越她。她两度和我父亲一起遭到放逐，还有一次因替他顶罪而自己被流放。独裁的时日过去后，她的才艺在礼貌地对谈中发挥得淋漓尽致。感谢神明，她总算重新获得了活力。她仍然可爱可敬,是我们物色妻子时所遵照的榜样,而她的勇敢和坚韧甚至连我们男人都要学习。

可惜的是,如今的社会已不再需要这样的女性楷模了。女人似乎已不受控制。有些人把这种现象归咎于参与了喀提林(Catiline)阴谋的塞姆普罗妮娅[①](Sempronia)。他们说她是第一个有男人气概和胆识的女子,尽管命运赐予了她美貌和一个好丈夫。塞姆普罗妮娅聪明、机智、魅力十足。她学习希腊语和拉丁文学,会写诗,还会演奏里拉琴。她还善于舞蹈,这对于老实本分的女人来说未免有些过分。她的欲望是如此强烈,竟主动勾引起男人,比男人们追求她还要起劲。在和喀提林沉瀣一气,参与他推翻共和国的密谋之前,这个女人违背誓言、有损信誉的事也没少干,她甚至还曾是一桩谋杀案的共犯。

我认为女性这种堕落的趋势在更早以前就有苗头了,在《奥庇安法》[②]废除之际就是麻烦的开端。你还记得,通过这项法律的时候,我们罗马大军正在坎尼被汉尼拔打得落花流水,一天之内有五万罗马人战死。君主意识到必须做点儿什么了,便制定法律,禁止女

[①] 罗马共和国末期阴谋叛变者喀提林的情妇。——译注
[②] 该制定于公元前215年,是第二次布匿战争期间,罗马在大败于迦太基之后,为了杜绝奢靡之风而通过的战时法。这项法律在罗马妇女的大规模抗争下于公元前195年废止。——译注

人拥有多于半盎司的黄金，不许她们穿多种颜色的衣服，也不允许女人在城里乘坐马车。这种种措施都是为了强韧罗马人的道德脊梁，最终迦太基人也的确被罗马打败了。

然而，很快，随着和平而来的是废除这项法律的呼声。妇女们给丈夫施压，甚至去街上游行，女人们挤满了议事大厅，催促男人废除这项法律。这是何种行径啊！妇女们抛头露面，堵塞交通，还竟敢单独和别人的丈夫说话。祖先从不会允许妇女有这样的做派，过去的女人们可一直都在男人的严格看管之下。如今女人们下定决心要挣脱所有的枷锁。"我们就是想穿金戴银，闪闪发光！"她们大喊，"我们想什么时候坐马车就什么时候坐！"反正她们的意思是，都别限制她们大手大脚用钱。如果此刻男人们能坚持执行丈夫之权力，今天我们在女人的事上就会少点儿麻烦。可他们却管不住家中的妻子，反而为之让步，我们大众的自由就这样被践踏在女人脚下。从那时起，女人可以随心所欲地花钱，因为奢靡不再受法律约制，而且她们知道丈夫太过懦弱，不敢在家对其进行管束。正是从那时起，女人们开始觉得自己和我们是平等的，毫无疑问，很快她们就会觉得要超过我们了。

杀死我们的不是战争，而是骄奢。帝国给我们带来了巨大的财富，同时也是从那一刻起，我们的美德正逐渐流失。金钱和罪恶一起涌来，直到把我们所有人都泡在温柔乡的堕落中。只要你犯了点儿小错误，今天的女性就能够在大庭广众下，在晚宴的躺椅上批评你。我们罗马男人也许可以统治全人类，但罗马女人却能统治我们。女人原本卑微的地位让她们朴实本分，艰苦劳作磨硬了她们的双手，净化了她们的心灵。而现在的我们却得了一种"和平病"。我有个朋友是医生，最近他说，女人从来不掉头发，也不会脚痛，但现在她们却需要去接头发，还饱受痛风的困扰。一直以来，打败了我们男人的奢靡，如今也征服了女性的身体。现在的女人喝酒喝到深夜，甚至比男性喝得还凶。她们在摔跤比赛上挑战男人，吃撑了就把食物吐出来。她们还常常嚼冰块来帮助消化。女人天生就是被动感受性爱的生物，而如今却在欲望上和男人并驾齐驱。她们发明了新的技巧，在性爱中占据主动地位。她们比男性还要恶劣，难怪那么多女人掉光了头发，得了痛风！

近几年，女性感兴趣的对象都是些下等人——角斗士、赛车手、演员，甚至大街上肌肉僵硬的赶骡人。她们家门大开迎接各种男人，活得就像个妓女。她们走路和穿衣的方式，向男人乱抛媚眼，在晚宴上公开亲吻和搂抱，都显示出内心的淫荡。我曾遇到过一个名叫埃皮亚的女人，她的丈夫贵为元老，她却和一个角斗士私奔去了埃及。她抛弃了自己的家，离开了眼泪汪汪的孩子们，甚至还把她深爱的演员帕里斯丢在了身后。尽管生长在大富之家，她却一点儿也不害怕航海的艰险。亚得里亚海的波涛和爱奥尼亚海的巨浪也吓不倒她，铁了心要和情人私奔。那是为了什么？这男人是怎么牢牢抓住了她的芳心？他身上又有什么让她瞩目，甘愿成为这个角斗士的姘妇？是他手上刚愈合的伤，还是头盔摩擦留下的疤痕？是因为他鼻子上长了毛的疣，还是他眼里散发臭气的眼屎？不，他是一个角斗士，这就足够了。这个身份能让他比美男子海辛瑟斯①还要美貌，值得她抛弃丈夫、姐妹和孩子。他的那玩意儿——如果你知道我在说什么——才是她真正的所爱。

时代真是不同了。埃格纳提乌斯·迈切尼乌斯（Egnatius Mecenius）曾用权杖将妻子打死，只因她过量饮酒。不仅没有人因为这个将他告上法庭，也没有人批评他。所有体面的男士都认为他妻子是罪有应得，因为她是一个坏典型。你大可放心，任何酗酒的女人都背弃了美德，为各式罪恶敞开大门。当然了，很多丈夫还是在努力管好他们的妻子，你可以看到很多妇女的脸上都有挨打的伤痕。一次，一个这样的女人向我母亲抱怨受到了丈夫的毒打，我母亲只是说，她应该想想自己的结婚誓言——这正是让她沦为婚姻之奴

---

①希腊神话中有名的美男子，与太阳神阿波罗要好，却被阿波罗不慎用铁饼砸死。——译注

隶的工具，所以她不应该对她的主人无礼。

女性如此易怒的行为甚至发生在我自己的家族中。最近，我去阿卡纳（Arcanum）拜访了我的弟弟昆图斯。他对待妻子的态度既冷静又温柔，完全看不出要吵架的征兆。他以最和善的语气对妻子庞波尼亚说："你可以叫女士们来参加晚宴吗？我来邀请男士。"他还能怎么更礼貌啊？但是庞波尼亚没好气地说："好啊，反正我也是这里的外人。"我不懂她是什么意思，但很明显，她对我弟弟拥有财产这件事很没安全感。昆图斯对我说："你看，我每天都得忍受这种事！"我知道这虽然是小事，但真的很惹人烦，原本愉快的午餐变得让人压抑。她甚至不愿意躺在桌边用餐。昆图斯送了一些菜到她的房间，但是她耍脾气，什么都不吃。简而言之，我从未见过如此赌气的行为。昆图斯告诉我，她甚至拒绝和他同房。我一回到家就写信给庞波尼亚的兄弟（她的父亲已去世），说他的妹妹对我弟弟是多么不敬，要他解决这事。

遗憾的是，不是所有争执都能被解决。让我来告诉你，如果决定离婚，你该怎么做。你想结束婚姻，所有要做的就是告知你的妻子——口头通知可以，写信也行，派个奴隶向她宣布也行。婚姻是建立在适婚男女的共识上的——且在相关监护人的允许下，所以一旦两人间再没有了共识，婚姻继续的基础也就不复存在。当然，现实永远不会这么简单。实际上，两个家族经常要进行长久的谈判来制定解决办法。

共同财产是不存在的。有一条普遍适用的原则：女人要拿回她结婚时带来的嫁妆。因此，我经常建议新婚的丈夫们将嫁妆总额单独分开来，这样万一要离婚，他们就可以很快还清。法庭在判决离婚之前要求丈夫归还所有的嫁妆。如果你和一个富家女子结婚，她带来了巨额财富，那你问题可就大了。你一个不小心，就会让妻子抓住你的把柄，而她只要对你保持忠贞就可以立于不败之地。但如果离婚是她的错，你就有权利拿走嫁妆中与孩子有关的那部分花费，每个孩子可以拿嫁妆的六分之一，上限是嫁妆的百分之五十。如果你妻子有错在先，最严重的是犯了通奸罪，你还可以扣留八分之一到六分之一的嫁妆作为罚金。记住，只有当七位男性公民到场听候判决时，离婚才会生效。这点非常重要。尤其是在妻子出轨的情况下，即便你妻子的所作所为像个妓女，如果离婚程序不妥，你也有可能被指控是拉皮条的。

孩子们归父亲所有。很多心中苦涩的丈夫会禁止前妻探视孩子。虽然可以理解，但你也应该克服这种愤怒。剥夺母爱对你的孩子并不好，不论她做出了多么可恶的事，这会让他们对你反目。还有，要是你妻子察觉你会心怀怨恨做出这种行为，就可能会继续在这段不幸福的婚姻里跛足前行，而本来你们两个都可以重获自由之身。你还是最好听我说的，尽可能和平分手，并且和妻子私下达成协议，让年幼的孩子跟母亲生活，而让那些已经接受教育的孩子住在你的房中。不管他们住在何处，负担孩子们经济的责任都落在你身上。

婚姻结束时如果女人声称自己怀孕了，会产生很多法律问题。要确定父亲是谁非常困难，尤其是她犯下了通奸罪。只要能证明这是你的骨肉，孩子所有的开销就都应由你负担，他也可以成为你的继承人。如果你自信孩子是你的，那就应该接受他。要是你相信妻子对你是忠诚的，就应该依靠日历来确定。你的前妻必须在离婚三十天内声明她怀孕。你有权利让她去做鉴定，查看是否真的怀孕。在很多案例中，辛酸的前妻想要找一个弃婴来假冒丈夫的合法继承人。一旦你确信她怀的是你的孩子，你也有权监视她，确保她在怀孕期间行为得当，安全生下孩子。

任何想要离婚的女性读者都应好好思量我下面的话：如果上天眷顾你，你一直非常多产，生下了三个或更多的孩子，离婚后你再次独自进入社会，将会成为一位受人尊敬的母亲和理想的妻子人选。哪个男人不想要一位子宫如此强大的女性？但如果你生不出孩子，没法给你的丈夫添个继承人，你就不是个令人艳羡的人选了。实际上，人们也会认为没有孩子就是丈夫抛弃你的理由。你只好带着你的嫁妆回到娘家（人们还会猜测你是不是犯了通奸罪）。但其实这没有看上去那么糟。你父亲去世时，你就会继承他的财产，想做什么都可以。你还可能想接手他的买卖，用各种风流韵事来取悦自己。不论你选择哪条道路，我都毫不怀疑，你将最终克服无法成为一个好妻子的失落和无法成为母亲的失望。

—— 评 述 ——

家庭是古罗马社会最基本的单元，父亲就是一家之主。他有义务保护家庭成员，并对他们加以指引和管束，而家人则要尊重他，顺从他。国家通常被看作是更为大型的家，元老们就担任着父亲的角色。第一位皇帝奥古斯都最重要的头衔就是 pater patriae，即"国家之父"，象征他对臣民拥有的一切权力，也有权干涉他们生活的各个方面。

在孩子出生的最初几年，父亲也许并不会过问，但他们却要在儿子的教育中扮演积极指导的角色［见塞内加《论天命》(2.5)；昆体良《雄辩术原理》(1.1.4-1.1.6 和 1.4-1.5)］。公元 1 世纪，布拉森·阿拉布斯（Bryson Arabus）写了一篇名为《管理家产》(*Management of the Estate*)的绝妙文章，但除了几张残片，目前就仅存了后人的阿拉伯语译本。这篇文章细述了父亲经营家庭的方方面面，包括抚养儿子、做农活、管理奴隶和挑选妻子。现在我们还可以参考西蒙·斯万（Simon Swain）配有详细评述的译本。当然，这文章是给富人看的，很难说它是否反映了普通罗马人的想法。

至于古罗马男性对女性的态度，说是"看不起"都算好听的了。他们的确可以将妻子抬到很高的地位[见小普林尼《书信集》（4.19）或悼文《图莉亚颂》①]，并且常常崇拜他们的母亲。但罗马的女性也被视作生来就低男性一等，她们活着就是为了繁衍和抚养子嗣。正如普鲁塔克在《婚姻忠告》(*Marriage Precepts*)中所阐明的，女性应该在所有领域为男性打下手。关于怀孕，一些男性作家也做了怪异的描述，见索兰纳斯的《论妇科病》(*Gynaecology*)，而琉善在讲述月球上的生活时曾对此进行了嘲讽[《信史》（1.22）]。

古罗马世界的死亡率非常高，尤其是在城市中。有较多的证据表明，约三分之一的孩子会在出生的一年内夭折，超过50%的孩子会在十岁之前死去。这一赤裸且残酷的现实意味着罗马女性在生产一事上面临着巨大的社会压力。平均一名女性要生下五

---

① *In Praise of Turia*，这是公元前1世纪末期的一篇墓志铭，作者可能是一位执政官。他在文中盛赞死去妻子的美德，表达了深切的怀念之情。——译注

到六个活着的婴儿才能保持人口稳定,不包括流产和死胎。很多女性在生产中死去,因此继母在罗马很普遍,她们通常被认为偏爱自己的孩子多过丈夫前妻的孩子,在阿提米多鲁斯的《释梦》(3.26)和《伊索传奇》(The Aesop Romance 37)中均有涉及。

父亲通常会在新生儿出生八九天后将其接纳为家庭一员,在这之前,孩子在法律上是不被承认的。此前,父亲可以决定是否要将孩子扔掉。我们会对此感到震惊,但当时除了安全期避孕法就再没有别的控制生育的手段,而堕胎又和生产一样危险,所以,也可以将遗弃理解成一种产后堕胎。即使在今天,人们对人类的出生也存在着激烈的分歧:是否可以接受堕胎?法律又应该允许在什么时候堕胎?在古罗马,人们接受这种产后堕胎。塞内加在《争辩》(10.4.16)中就描述了父亲将体弱和有残疾的婴儿扔掉不予抚养,但也有人说这些弃婴在出生时天象不祥所以遭到遗弃[如费尔米库斯·马特尔努斯《占星学八卷》(1.7.20)]。有时人们认为,这些弃婴会被想要奴隶的人捡走,但也有很多人目睹这些孩子被狗吃掉[费尔米库斯·马特尔努斯《占星学八卷》(7.2.9,11,12,13,20,21)]。

可以合理推断,被遗弃的大部分是女婴。现存一封埃及书信的内容中提到,一位远在他乡的父亲告诉怀孕的妻子,"如果是个男孩,就养他,如果是个女孩,就扔了她"[《俄克西林库斯纸莎草卷》(P.Oxy.744)]。不过,遗弃婴儿的做法有多普遍就不得而知了。一些考古发现表明,当时的人们的确存在遗弃心理,但这可能和特定的地点有关,比如妓院就很常见。关于遗弃的参考资料非常少,曾有人认为在罗马统治的埃及,遗弃现象更为普遍。因为在当时很多人的名字叫作copronyms,在希腊语中,copros是粪便的意思,因为他们一出生就遭到丢弃。但鉴于这些名字传了好几代,似乎仅作为名字使用,并不能作为遗弃频率的指标。

通常,非罗马精英家庭的孩子在五到十岁就要被送去工作。而据东罗马皇帝查士丁尼指派法学家编委会负责汇编的《学说汇纂》[又译《法理会要》](7.7.6.1)]记载,孩子五岁就可以工作,见布莱德利(K. Bradley)的著作《发现罗马家庭:罗马社会史研究》(Roman Family: Studies in Roman Social History,牛津大学出版社,1991)。本章关于废除《奥庇安法》的讨论,见李维《建城以来史》(34.2-34.4)。对于女性世风日下的指责,可以阅读塞内加的《道德书简》(95.20-95.1)和尤维纳利斯(Juvenal)著名的第六首讽刺诗。西塞罗在《给阿提库斯的信》(5.1)里描述了他弟弟艰难的婚姻,而奥古斯丁在《忏悔录》中则提到了家暴成为常态的影响(9.9)。

第六章
——

寻欢作乐

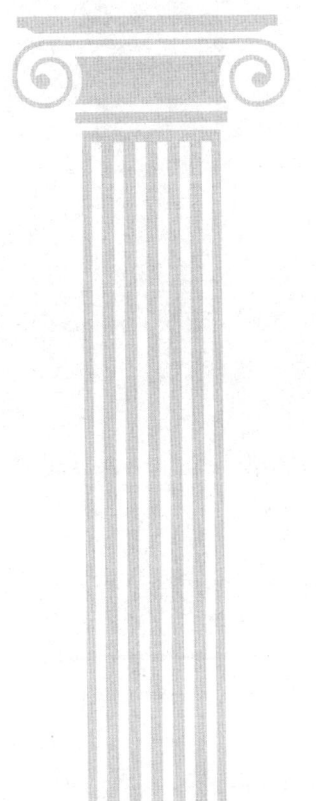

打猎、洗浴、玩耍、开怀大笑——这才是生活！正如老话告诉我们的，快意休闲的生活才是好生活。无论你多么富有，如果你是个真正的罗马人，就一定要会享受帝国所带来的、属于你的那份好处。接下来，我将告诉你如何过上美满充实的生活。

罗马出色的政体让大多数人都生活得平静而愉悦。民主对人民的放荡和欲望不加限制，而我们的体制则创造稳定和明智。很久以前我们就明白让委员会来治国行不通，所以推翻了政权，让一个人来管理国家，就像家庭中只有一个父亲。自从奥古斯都掌握了绝对权威，成为第一元老，我们的政府就一直是公平和高效的楷模。从没有一群人生活在君主统治下却能像罗马人这样兴盛繁荣。

像罗马这样的国家，有着最优秀的统治者，公民毫无疑问是最幸福的。人民不用担心，远离焦虑，将保障他们自在生活的任务交给别人，而这些人因职责所在需要时刻保持警惕。人民知道有更杰出的人在保护他们的利益，大可放松心态。作为一名元老，我正是这些杰出人类中的一员。我的生活比较清闲，因为不需要工作，不过我却比任何人都要忙，得小心翼翼活在公众视线中。我的时间都花在了议事广场上，对形形色色的拜访者敞开别墅大门。当我没事可做时，我就得找点儿事做，还得让人看到，所以我悠闲的生活并不是真正的安逸。你们就没有这样的烦恼了。相反，你们可以放松享受这罗马城内提供的所有休闲活动。

有一天，一位外国人问我们君主为什么他一天要泡一次澡，据说君主是这样回答的："因为我没时间一天泡两次啊。"这答案我举双手赞同。如果你到任何宏伟的皇家浴场去看一眼，你也会这么说。我们就来看看提图斯①浴场吧。浴场的入口在高处，通向那儿的楼梯既宽阔又平缓，以免人走得太累。你将进入一间非常宽敞的大厅，有一大片空间是奴隶和侍者在他们主人洗浴时的等候区。大厅左边是一排典雅明亮的包间，用来接待重要客人。这后面还有两间宽阔的更衣室，通向另一个有三个冷水池的大厅，地面上铺的都是拉科尼亚产的大理石砖，里面还摆放着得体美观的白色大理石雕像。

离开这间大厅，你就会来到一个长椭圆形的房间，房内很温暖，但不会让你感到一阵热浪袭来。接下来，你会走到一个采光良好的房间，非常适合让按摩师在此给你搓澡按摩。如果你从外面的健身区进来，就会见到一条铺满了大理石的门廊。而这所有房间中最漂亮的，便是用于和朋友闲聊放松打发时间的休闲室，房内五颜六色的大理石闪闪发光。从这里出去就会进

---

① 提图斯（Titus），罗马帝国第十任皇帝，一生兴建了许多公共建筑，如罗马著名的圆形斗兽场、提图斯浴场等。——译注

入一间暖室，墙壁涂成了耀目的紫色，里面有三个热浴缸。如果你受不了这热度，就可以离开这里去冷水池泡澡。每个房间大小合适，阳光通透，装修也颇有品位。这间大浴场还配有两个厕所和两个计时装置，其中一个是日晷，另一个是则能发出巨响的水钟。

你可以在皇家浴场享受到想要的一切活动：洗浴、按摩、诗歌朗诵，这里有可以散步的美丽花园、图书馆，还有食物卖场。很遗憾，不是所有洗浴中心都是这样环境宜人。毕竟你一想到洗浴，就会想起滑腻的搓澡油、满头大汗的人，还有肮脏的池水。噪音让人快聋了；肌肉男们晃动着铅块，空气中充斥着他们的喘气和呻吟；你还能听到廉价按摩时，那拍打皮肉的声音；醉汉的争吵，被抓的小偷的申辩；还有人在浴场里唱歌，伴随着人们跳进水里溅起的水花声。更糟糕的是，还有男人们在拔腋毛和腿毛。小商贩推销饮品、香肠、糕点的叫卖声没完没了，每个人都喊得各有特色。还有一位浑身肌肉的女士，用哑铃锻炼完就去按摩，让按摩师的双手在她大腿间游走。最后她又跑去暖室，坐在一群聒噪的男人中间，汗流浃背，乐此不疲。她还空腹喝下两大瓶酒开胃，然后又全都吐出来重新再喝。真恶心。

如果这都不算什么，你还会被想蹭饭的人纠缠不休。他们拍你马屁，帮你拿毛巾，就算比婴儿尿布还脏，他们都能夸成雪一样白。你头发稀疏，他们却把你的头发比作阿喀琉斯①浓密的秀发，还会为你拭去眉头的汗水。最后你已受够了这成百上千的老套把戏，只得投降，请他们过来吃饭。

  浴场里还有更丑恶的一面。偷窃十分普遍，你乱丢的衣物很容易成为潜在小偷的目标，尤其当你的奴隶疏于看管。这让我想起了一则笑话：有一次在一家洗浴中心，两个人向一名智者借剃刀。其中一人智者不认识，但他知道另一个人是小偷。所以他对第一个人说：“不好意思我不能借，因为我不认识你。”又对第二个人说："抱歉我也不借，因为我认识你。"浴场中还有一些猎艳的人。我认识一个老古板，暂且不提他名字，此人向来对新鲜和外来风气颇有微词，但当我们一起泡澡的时候，我却发现他一直盯着人家腰部以下看，用眼睛把那些年轻人好好饱餐了一顿。我在当地浴场里还见过一则涂鸦，"皇帝的管家阿佩莱斯和德克斯特在这里吃了顿愉快的午饭，然后大搞了一场"。连君主的贴身仆人也这么干！

  泡澡完毕，你应该大吃一顿。如果可以，你可以请朋友来赴宴，而不是便宜了浴场里那些哈巴儿狗们。在罗马生活有一项长期的灾难，就是每人每天会收到很多饭局的邀请，所以，总有一两个朋友放你鸽子。

---

① 希腊神话中的半神英雄，母亲是海洋女神忒提斯，父亲是英雄珀琉斯。——译注

这真的是让人非常恼火，我经常在第二天早上写信给他们表达我的不满。我会装出正经的样子，说他们说好会来却又不出现，真的让我气急败坏。我威胁说要他们把食物和酒水的费用赔给我。我列出了晚宴的菜品：一棵莴苣、三只蜗牛、两个鸡蛋、一块大麦蛋糕、海胆、母猪腩肉、甜酒甚至还一些雪①（你知道这有多贵吗？）。然后还有橄榄、甜菜、葫芦、洋葱和上千种美味佳肴，更别提当晚的娱乐活动了。诗歌朗诵者、乐手、加的斯（Cadiz）来的舞者都被请来。我爽约的朋友们也许会在别处吃到更精致的菜肴，但绝不会像在我这儿一样度过一个欢乐、纯粹、放松的夜晚。

我一直在尽力让晚宴有所节制。伟大君主奥古斯都在这方面能给我们最好的例子。他常常吃得很少，也很简单。他喜欢粗面包，以及牛奶做的新鲜芝士和青无花果。他不会等到饭点才吃，只要觉得饿就会吃一点儿。我在元老院档案中读到过他的一封信，信中提到了他吃饭的方式："我在马车上吃了一点点面包和几个小枣子。"在另一封信里，他说："我乘坐轿子回家时，吃了一盎司面包和一点儿葡萄干。"他曾描述过自己在泡澡时的饮食习惯："我亲爱的提比略，不会有犹太人在安息日的斋戒中吃得比我更少了。在浴场

---

① 古罗马人在夏天饮食中会用到的雪大部分从阿尔卑斯山脉运来，价格昂贵，只有富人才承担得起。——译注

我只吃了两块饼干,当时我正在涂油。"他对盛大的晚宴并不感兴趣,通常更喜欢一个人用餐。他会在宾客到来之前或走后用膳,这样就可以全神贯注和宾客们说话,不碰一点儿食物。

但很遗憾,多数君主能给出的是反面例子。君主维特利乌斯的胃口和他的任期成反比。他沉迷于奢靡放纵,一天吃三顿甚至四顿。他吃早餐、午餐,在晚餐后还会有一顿,直到喝得醉醺醺。他能吃这么多是因为有呕吐的习惯。为了省去晚宴费用,他会不请自来地参加朋友或其他有钱人家的宴会,还要求当晚肉类花费最少40万赛斯特斯。他的弟弟举办了这其中最臭名昭著的晚宴,据说席间上了不少于两千条新鲜的鱼,和七千种鸟类、家禽。但维特利乌斯自己举办的宴会比这还要过分。宴会中,他第一次上了道新菜,是专门为他发明的。因其巨大的体积,这道菜被称为"密涅瓦之盾"①。制作方法是将鲑鱼肝、野鸡和孔雀的脑花、火烈鸟的舌头、鳗鱼内脏一起搅拌,鳗鱼一从海里捕上来就立刻用船运往罗马。维特利乌斯不仅胃口巨大,有时还会乱吃东西。有一次,他在祭礼上从火坛中抢了块牛肉塞进嘴巴。他甚至还会吃掉路上见到的垃圾!一次旅行途中他住在一个小旅馆里,便

---

① 密涅瓦(Minerva),古罗马智慧女神,相当于希腊神话中的雅典娜。——译注

吃掉了旅馆前夜所剩的残羹冷炙。

　　这种过度饮食实在应该避免。不过，我坚持晚宴桌上还是得有两样东西：上好的鱼酱和美酒。制作最好的鱼酱可以通过以下方法：将鱼的内脏放在瓮中，按鱼内脏和盐九比一的比例进行腌制。你可以用小鱼，比如小的鲻鱼、鲱鱼或是凤尾鱼，但最好还是用吞拿鱼的内脏，血和鳃都要留下。将所有混合物腌制后放在太阳底下发酵几个月，时不时转动一下瓮。鱼发酵后只剩下了小骨头，你便将混合物用细网过筛，挤进瓶中，挤出的液体有着最美妙的咸味，能为最平淡的食物增香添味。别和很多人一样动心思走捷径，仅仅将鱼煮沸至分解就算完成了鱼酱。说到酒也是如此，不要为你的宾客们提供便宜的波斯卡醋，那是街头小崽子喝的。最好的酒来自费乐纳斯，酒味经年愈发醇厚。不过你得牢记，窖藏到二十年的费乐纳斯酒价值最大，过了二十年之后价值就下降了。所以你要记得喝！

　　个人化的消遣当然比不上盛大的公众赛事。所有人都爱看斗兽场的角斗表演、马克西姆斯竞技场的动物狩猎和马车比赛，还有剧院中的演出，这些都是供罗马人娱乐的活动。如果想更好培养自己的罗马气质，你就应该多了解这些活动。最重要的是你要学会重视这些赛事，甚至把他们看得比食物等必需品更有价值。平定了好战民族达西亚人的伟大君主图拉真也投入了很多精力在演员和剧院其他艺术家身上，也重视赛车手和圆形剧场里的角斗士,因为他深知这些都是民众沉迷之物。百姓对君主发放的便宜谷物感兴趣,但那并不是他们的激情所在。图拉真知道要赢得民心,靠的不仅是赐予人民维持生计之粮食,也在于让他们能够分享到这份原属于富裕阶层的快乐。食物是最基本的,但赛事和享受才让人值得一活。

如果你很幸运得到了一张竞技场的门票(角斗比赛一年只举办十二次,所以是社交年历上的重中之重),你将收获一整天的快乐。你得按照社会等级就座,恐怕为你安排的是野蛮人座位,低档得很。这意味着你要坐在最上面的廉价座位了。尽管这样,你的视野还是很开阔的,可以俯瞰长条的观众席上欢呼的人群,看他们对着喜爱的选手热情招手。

一大早是动物狩猎。这个项目人气超高,会展示很多从帝国远端来的珍奇异兽,比如长颈鹿和河马,有时候还会让公牛和熊一争高下。但大多数情况是让受过训练的猎人来围捕大批野兽。这些猎人穿着醒目的服装,以展现强壮的肌肉。他们走得离动物很近,常常看似无法逃脱。但是,仅凭智慧和胆识(暂且不论那些布置好的木头围栏)这些人还是能成功突围。等动物们筋疲力尽,猎人就用矛刺死它们,或是毫不留情朝它们放箭,直到它们全部死去。猎人们会有意让所有活动都在竞技场中央进行,这样每个观众都可以看到。如果你不习惯,会觉得动物是不是有点儿太多了。在一场庆祝君主登基十年的夸张表演中,我还见到过一个猎人围捕六十头公猪,而其他被杀死的野兽里还有大象和狗狼[①]。狗狼来自印度,当时是这种动物第一次在罗马出现,看上去像狮子和老虎的杂交,但长得又像狗和狐狸,所有特征都奇特地混合到一种动物身上。整场表演的亮点,是竞技场被装饰成一艘船的样子,"船"侧突然裂开,上百只动物从里面冲出来。熊、黑豹、狮子、鸵鸟、野驴、野牛,还有所有的家养动物。它们没命地跑,是因为有猎人在后面不停地用弓箭瞄准。观感非常过瘾。

君主提图斯在策划表演方面有独到的专长。在一场斗兽中,他让大鸟和四头大象对战。为了庆祝斗兽场开业,他举办了几场比赛。当时有九千只动物被杀死,甚至女人和武装的侏儒也参与了屠杀。他没有安排一对一的角斗士搏斗,而是让数百名步兵参加会战,还把斗兽场内灌满水重现了海战场景,比赛持续了一百多天。让观众在视觉上享受的同时,提图斯还给了他们物质上的好处。他举行了抽奖,让仆从们向观众席丢木头小球。球上刻有字,拿到的幸运儿会收到一些食物、新衣服、银杯甚至金杯、马匹、一群动物或奴隶。不用说,抢夺这些球的竞争也很激烈,很多

[①] 印度神话中一种似狼似狗的动物,与鬣狗很相近,斑鬣狗的学名 Crocutacrocuta 就来自这种古代文学中的生物。——译注

人在踩踏中死去。

　　午餐时间可以看些较为轻松的处决表演。最近我看的那场处决了一个名叫赛勒鲁斯的大盗,此人在西西里岛的埃特纳火山附近发起了一场小规模的暴乱。他被放在高台上,高台被装饰成埃特纳火山的样子。台架突然倒塌,赛勒鲁斯掉进关有野兽的笼子,野兽马上就把他撕成了碎片。赛勒鲁斯在火山附近的所作所为就像个野兽,最后是这种死法,真是可笑又罪有应得。很多人接受不了这种刑罚,但你别忘记,对于下层人民来说,体罚普遍多了。因此,公开处决这些罪犯非常合理,让每个人都看到他们要用痛苦来偿还罪行。你还得临时补习一下神话,处决经常会摆出有意思的舞台造型。有一次,一个叫作洛雷欧路斯的死刑犯和普罗米修斯一样被绑在岩石上。你可能还记得,神话中有一只秃鹫不停地吃普罗米修斯的内脏。这位洛雷欧路斯被绑在岩石的十字架上,一头苏格兰熊吃掉了他的内脏。他撕裂的四肢颤抖着,身体的残骸滴着鲜血。还有一次,一名囚犯从地下升到了斗兽场中,手里像俄耳普斯[①]一样拿着里拉琴。他周围是狮子和其他野兽,一开始它们好像被琴声驯服,正如神话中

[①] 阿波罗与缪斯女神卡利俄珀之子,擅长演奏音乐,曾在陪同伊阿宋寻找金羊毛时用乐曲压倒了女妖塞壬的歌声,挽救了船队。——译注

的场景，罪犯刚刚相信自己已经控制了野兽，野兽们就会收到指令，扑到他身上将他撕碎。真是妙啊。

处决表演后就是一天中的高潮：角斗比赛。角斗士被带入场地，皇帝也在欢呼的观众前面就座。准备期间，你将看到剑被磨得非常锋利，铁盘也加热完毕，用来检验角斗士是否在装死，用来逼迫胆小角斗士迎战对手的棍棒和鞭子也已就位。号角吹响，标志着比赛即将开始。然后，角斗就拉开序幕。

角斗士刺出利剑，格挡闪避，人群中爆发出高声尖叫。当有人不可避免地受伤，爆发出阵阵刺耳哭喊和哀号。正是以上这些让角斗格外吸引人。最激动的时刻，是倒下的角斗士伸出手指，请求观众的赦免。此时斗兽场里安静得地上掉根针都能听见。然后所有观众爆发出欢呼或倒彩，晃动着他们的托加长袍，要君主明示他的拇指是朝上还是朝下。君主知道该怎样好好利用这个时刻。这是决断之时，所有的眼睛都注视着他，他也会等等人群的意见，然后拖延时间吊人胃口。最终，君主会用最夸张的手势让每个人都能看到他的决定。宽恕意味着这位角斗士能活下来参加另一场搏斗；但是，如果他不能赢得同情，就必须像男人一样面对自己的命运。他向后仰头露出脖子，让对手刺穿他的身体，用死亡弥补一生的失败。

一开始，大多数角斗士都是社会渣滓——奴隶或死刑犯，但你可以从他们身上学到很多。他们能让你看到罗马之所以能够如此伟大的军队传统和对纪律的恪守。他们的勇敢和技巧是所有男人渴求的特质。在他们对死亡的漠然中，人们看到了自我牺牲精神，正是这种精神让很多罗马人为国捐躯。这些都说明，罗马能将任何可悲的野蛮人转变为男人美德的楷模。角斗士就是自我提升的一个缩影。

比赛也会有过分的时候。没有什么比无休止地在赛场闲逛更有损美德。邪恶在我们享乐的时候最易悄悄接近。那些质量低下的表演尤其如此。比如，狩猎就应展现出猎人的智慧、技巧和创造力。如果只是一味地屠杀，我们又能从中收获什么呢？有许多午间处决更是令人发指。死刑犯在毫无保护的情况下就要对抗一头横冲直撞的猛兽，或者不穿盔甲接受对手的攻击。若角斗士没有防护，就没有技巧可言。可那些恶俗的观众还乐在其中。"杀了他！抽他！烧死他！"他们大喊。观众只是想看角斗士被弄死，但表演的目的应该是展现人高贵的品质。为了迎合观众，有一些割喉的处决干脆被当作过场来凑时间。当然，那些罪犯该死——毕竟都是一些强盗谋杀犯。然而，比赛不该是弄死一个人就够了，还应该展现人在重压下爆发的技巧、勇气、从容，这也是造就了罗马的特质。看到那些观众人渣，你就会对未来失望。

看看这些庸人又是如何作乐的吧。在昏暗酒馆里找乐子实在可怖，你不能学他们。最穷的人在酒吧里打发长夜，或是在剧院周围的拱门闲逛。你看到他们为了骰子的输赢争吵，发出恶心的吸鼻子声。他们最喜欢的消遣就是站一整天——从早到晚风雨无阻，不停讨论赛车手优缺点的细节，和将在马克西姆斯竞技场中参赛的马匹。当他们聚集到一起观看比赛时，就真是有好戏看了：观众席上望不到边的一大群平民，对赛车的疯狂占据了他们的大脑。这就是为什么在罗马再也做不了正经事了。我很惊讶，上千个成年男人竟如此幼稚，对跑来跑去的马和站着几个人的马车这般痴迷。如果他们是被马匹的速度和赛车技巧吸引，那我还能理解，但其实他们都只对赌博感兴趣——他们只关注自己下注的车队。所以，一旦赛车手在比赛中更换阵营，粉丝就马上抛弃他们，转而为车队里新的赛车手欢呼①。

小酒馆可谓是虎狼之穴，各色的低端生物都聚集在那里。众所周知，里面工作的女人都是妓女。小酒馆恶名在外也意味着上面会对它盯得很紧，我听说，有些大意之人就在那里被便衣士兵下了套：一个穿平民衣服的士兵会坐到你身边开始大骂君主。这时你以为说出心里话是安全的，因为你的酒友已先行开口，便滔滔不绝起来。而等你还没反应过来，就被铐住双

---

① 古罗马赛车比赛的选手分为四个车队，用红、白、蓝、绿四个颜色区分，相当于今天的俱乐部。——译注

手带走了，从此不知所终。

你也不要沉迷赌博。即便法律禁止赌博，罗马人也乐此不疲。只有晚宴和农神节时才暂时解除禁令，那时连最卑微的奴隶也能不受制裁地摇晃骰子。走进任何一家酒馆你都会发现一张赌桌，甚至有些酒馆还把它们摆出来招揽客户。但这些赌桌上都是字母而不是方格，这样就不会明目张胆地犯法[①]。

有人还用字母拼出了俏皮话。最近我看到一个：

忽视财富是有病
过度贪婪坏人心

的确很讽刺。有时这些棋盘上的文字还是赌徒的自嘲：

站起来滚吧
你赢不了的

[①] 一般来说，古罗马流行的博戏方式分为两种，一种是只扔骰子，另一种是用骰子赌桌配合游戏。文中提到的是第二种方式，文中所说的游戏应该是 Duodecim Scripta，十二点棋，一种类似西洋双陆棋的博戏。每个玩家拿三个骰子和三个筹码，根据掷出的点数移动筹码。棋盘本为36个方格，但常常有酒馆为了掩人耳目，会用六个六字单词代替方格作为行棋空间，将棋盘伪装成菜单。——译注

只会输钱的白痴

我还见到一个很有意思,这句话至少说明写的人明白何谓罗马休闲的真谛:

打败了不列颠人
杀死了波斯人
就搞罗马自己人

正是因为罗马人征服了世界,我们才有那么多时间来玩乐。而对穷人来说,他能悠闲度日是因为君主的大度,每月给每个男性公民发放免费谷物让他全家免于饥饿。当然,这弊端就是,曾经可以为去哪里征战等大事出谋划策的伟大的罗马帝国人民,现在只关心两件事:面包和竞技场。

赌博会让你染上所有的恶习。平民常吵个不停,因为他们总是在赌博的时候糊弄对方。他们说扔出了两点但实际上是三点。有时还会用上咒语。有一次我在晚宴上玩骰子,我的释奴每次扔之前都对拿着骰子的手念念有词:"让我赢吧,万能的神。瑟瑟索迪亚格瑟瑟瑟索赛亚波瑟里欧克多绰。让别人都比不上我,因为我总能丢出我想要的。"他每次丢的时候都会重复一遍,直到我们都笑他。他也很尴尬,后来便不念了。

你应该以伟大君主奥古斯都为榜样。他也喜欢赌博,但从不关心输赢。他玩的游戏规则是,每个丢出一或六的人都要在桌子中间放一枚第那里乌斯银币①,如果扔出"维纳斯",即把所有点数都扔了一遍,便赢得了赌局,可以拿走全部银币。奥古斯都一个晚上输两万是家常便饭,因为他经常故意让宾客赢,甚至资助他们几百银币作为赌注。

休闲既能让人生活得有滋有味,也会带来重重危险。我们都知道,对继承太多财产的年轻人来说,当生活过于容易,他很快就会变得懒散、麻木,因为已没有了追求的目标和欲望。所以,如果你想成为真正的罗马人,就要控制你内心的邪恶。一旦和罗马人一样成功,你就会面对各种各样的享乐,这很快就能腐化你的心智,让你品性堕落。

奢华之风第一次席卷罗马,可以追溯到曼利乌斯·武尔索(Manlius Fulvius)庆祝打败亚细亚高卢人的时候。他允许军队纵情肆意,并把这种瘟疫一样的风潮带回了罗马。他们带了大批从未见过的战利品班师回朝:青铜躺椅、价格不菲的挂毯、柔软的丝绸、银制托盘等。他们举办宴会,让女孩子在宴会上弹奏竖琴,唱歌跳舞,他们吃着精心制作的昂贵食物。无人问津的厨子曾被罗马人认为是最下等的奴隶,此时

---

① 出现于罗马共和国时期,是个头比赛斯特斯小的银币,但是价值是其四倍。——译注

他们的地位和价格一下子飙升。曾是粗活的烹饪现在成了一门精致的艺术。然而，和后来席卷了罗马的奢靡狂潮相比，这还算不上什么。

我自己就在参加婚宴的时候见过一位前君主的情人，她全身挂满了祖母绿和珍珠——头上，头发、耳朵、脖子和手上都是，一共戴了价值四千万赛斯特斯的首饰。这些不是君主的赏赐，而是很久以前她的家族征服外国行省时获得的传家宝。这些珠宝原本是从外国国王那儿夺来的赃物，如今却被用来装扮这个和娼妓没有分别的女人。不管怎样，它们展现了奢侈品有害的一面，不论男女老幼都难逃荼毒。这还不是我遇到过的最糟的例子。克里奥佩特拉①拥有世上最大的两颗珍珠，继承自她的父亲。当马克·安东尼每日在气派的宴会上大快朵颐时，克里奥佩特拉就傲慢地嘲笑他："你难道把这叫盛宴？我一餐就可以吃掉一千万赛斯特斯的菜！"安东尼纳闷一顿饭怎么能花这么多钱，他和人打赌那绝对不可能。

第二天，克里奥佩特拉就在安东尼面前摆了一场精美宴席。真是盛大极了，有最好的陈年美酒和上等的肉类。主持宴会的女王珠光宝气，戴着那两颗硕大的珍珠耳环。但实际上这宴会也不过是安东尼每天吃

---

①古埃及托勒密王朝末代女王，即后人常常提到的"埃及艳后"。——译注

的水准。他嘲笑晚宴的寒酸，但女王坚持说肉类的花费已经达到了八位数，随后她命人上第二道菜。话音刚落，一位侍者带上来一个玻璃瓶，里面倒了一些浓醋。安东尼向前探着身体，好奇接下来女王要做什么。只见她摘下一只耳环，把珍珠扔进了醋里，很快就溶解其中。然后她把醋喝下。正当克里奥佩特拉要去摘另一只耳环时，赌局的裁判卢修斯·普兰古斯制止了她，宣布："安东尼已经输了。"——后来安东尼和克里奥佩特拉在亚克兴（Actium）被奥古斯都打败，现在回想，这句话也是不祥预兆。失败后，克里奥佩特拉自杀，她的第二颗珍珠被带到了罗马一分为二，每一半仍然硕大无比，用以装饰万神殿中维纳斯女神像的耳朵。

如果有人告诉你，拥有大量的财富是一种福气，你就回答，他们该好好听听乡下老鼠的故事。从前，一只老鼠接待了城里来的老朋友。乡下老鼠住在小洞里，只有一丁点儿食物。但它对客人很好，毫不吝惜地拿出自己冬天精心储藏的萝卜和燕麦，甚至还用李子干和小块培根招待对方，认为这样的食物能满足朋友挑剔的胃口，而自己却吃麦粒。最后，城里来的客人对它说："乡下条件这样艰苦，你为何要折磨自己？如果搬到城里，一切都很便利，你能活得更好。听我的，和我一起回去吧，看看自己都错过了什么。生命太短，你可只能活一次。"

乡下老鼠被说动了，便与朋友出发去城里，在夜晚爬进了城门。城里老鼠带它来到了富丽堂皇的宫殿，那儿的地板铺的是鲜红色地毯，象牙躺椅上饰有黄金闪闪发光。桌上还有前夜丰盛宴会的剩饭。现在轮到城里老鼠做东了，它忙前忙后，从剩菜中给它的客人选出美食。然后，它心满意足地躺下，和客人说起城里生活的故事。此时，门猛地打开，两只老鼠吓坏了，满屋子逃窜想要找个出口，但听到狗吠声越来越近。幸运的是，他们在墙上找到了一条新的裂缝，这才逃脱可怕的追捕者的魔爪。离开宫殿后，乡下老鼠对朋友说："再见吧！我的朋友。我想要的不是这样的生活。我那简单的树林里没有任何惊喜，但对我来说已经足够舒适了。"

  这个故事对我们发出了警告，不要被城市生活的奢华吸引，同时也告诉我们要珍惜友谊之美好。我们活在世上的时光弹指一瞬，应该不停地去寻找我们能爱的人和能爱我们的人。善意和情感是生活最大的乐趣所在。比如，我亲爱的朋友西庇奥就将永远与我同在，虽然死亡突然将他带走，但他的美德延续在我们所有人的心里，依然能启发想要在生命中有所建树之人。你需要的朋友应该忠诚，有原则，品行高尚。然而大多数人在交友时并不看重这些——他们只是想要朋友弥补自己没有的品质。你应该做到品行端正，并试着去寻找和你一样的人，如果能成功，就会找到和你一样心怀善意的朋友。他们和大多数人不同，不会沦为嫉妒和贪婪的奴隶。相反，你真正的朋友会乐于与你一起努力,尽他们所能帮助你,而且确信在他们有需要时,你也会全力相助。真正的朋友不会要求你做任何不道德或不公平的事,他不仅珍惜和你的友谊,也热爱你这个人。毫不夸张地说,真正的朋友对彼此都怀有深深的敬意。能够从友谊中得到尊敬,无异于得到了最璀璨的珠宝。

与我相处最久的朋友是维斯特里西亚斯·斯普瑞纳(Vestricius Spurinna)。最近一次拜访他的庄园,是我最愉快的时光。尽管他已垂垂老矣,但还是我们生活的榜样。我喜欢一个人的生活如星体运动般规律,年轻人在生活上有点儿不规律、毛毛躁躁可以理解,但对于老人来说,拼全力和有野心的岁月早已过去,更适合过一种平静有序的生活。这就是斯普瑞纳的生活。他每日所做的事就像月球运行于轨道般恒常。他早上第二点起床①,让奴隶把鞋拿进来,帮他穿衣。接下来,是三里路②的散步活动。回来后他会递给奴隶

---

①古罗马人的计时方式与今天不一样,他们的一天分为白天、黑夜两个部分,各有六个点,以天亮作为第一点,以此类推。以春秋分日为例,天亮时约为今天的六点钟,在罗马计时中为第一点。本文中的第二点应相当于今天的早晨八点钟左右。——译注
②此处的"里"虽然在原文中是mile,也即现在的英里,但应当是古罗马时期的长度单位"一千罗马步",拉丁语为mille paaaus,长度约为一个罗马成年男性的两步长度的一千倍,后来演变为今天的英里。本文中的英里长度当与今天的英里有偏差,故译作"里",后面同样情况不再赘述。——译注

一本书，要对方大声读给他听。如果房中还有朋友在，斯普瑞纳会和他一起讨论高层次的话题，比如发生在古代的美德，一些崇高的人和事。但他很谦虚，也不爱出风头，所以你不会觉得他在说教，尽管在谈话中你会学到比学校还多的东西。

在日程上，接下来是七里的骑行和一里的步行。之后，斯普瑞纳回到书房，用希腊语和拉丁语的韵脚写作抒情诗。如果幸运，你会听到他亲自念诵——那些诗句如此优美、睿智、引人入胜。被告知到了洗浴时间后——冬天一般是第九点，夏天是第八点——如果没风，他就会裸着身子在太阳下行走，然后做做球类运动，他深知运动是抗衰老的良方。洗完澡后，他就躺下来等待用餐。晚餐的菜品都非常简朴少量。银器的质地也很普通，样式老旧。食物都被盛在雅致的柯林斯陶盘中。晚宴中常会有朗诵打油诗之类的表演来活跃气氛。宴会持续到天黑，见好就收。主人在晚宴结束后休息，他从不沉迷美食和饮酒。斯普瑞纳的生活方式让他成了健康和幸福的楷模，尽管他已年近77岁，不过听力和视力都非常棒，身体敏捷，头脑机敏。年岁在他身上表现出来的唯一特征就是他的智慧。我们都应该追求这种生活，将所有对公务和公众生活的操心放到一边。

我还想起马尼乌斯·库里乌斯（Manius Curius），

这位打败了萨莫耐人、萨宾人和国王皮洛士[①]的统帅，也以一种简朴的乡间生活度过暮年。这是多么好的素质。萨莫耐人为他带来堆积如山的黄金作为贡品，却被他严词拒绝："黄金给不了我荣耀。只有统治拥有黄金的人，才会让我焕发荣耀。"那时，城市生活还尚未腐化罗马精神，元老们还住在农场里。昆提乌斯·辛辛纳图斯[②]得知自己被选为独裁官时还在耕田。像他一样享受田园之乐的老人如何还会有遗憾？我相信没有比当个农夫更好的生活了。他的工作有益于全人类，生活陶冶在山川田野之间，自然用丰收富足回报了他的耕耘，让他发自内心敬仰神明。他的地窖里永远都放满了橄榄油和美酒，家中飘满猪肉、山羊肉、羊排、家禽肉、芝士和蜂蜜的香味。还有后厨花园的丰收硕果和狩猎的收获。

不论你如何享受生活，都应该一直把谦虚和自制放在最前面。甚至连文学——这是最适合绅士投入时间和金钱的消遣——也只有在克制下才可以进行。如果没有机会阅读，买那么多书有什么用？重点阅读几位作家比广泛浏览要好得多。亚历山大港的图书馆被

[①] 皮洛士（约前318—前272），古代希腊伊庇鲁斯国王，是罗马共和国称霸意大利半岛的强劲对手之一。——译注
[②] 辛辛纳图斯（前519—前430），罗马共和国初期的传奇人物，曾任执政官，退休后归隐田园。在罗马苦战埃奎人时临危受命成为独裁官，击败敌人后再次回归乡间。——译注

烧毁，四万册藏书毁于一旦，这又如何？规模如此庞大的图书馆只是一位东边的皇帝[①]为了炫耀所谓对文字的热爱而造的奢侈品，与品位学识没有关系。书籍应该用来帮助学习，而不是作为晚宴厅的装饰。如果你不读书，那么购买象牙或柑橘木制成的书盒来装典籍就没有意义。那些人对待学问就如同购置黄金制成的水龙头，除了炫耀别无他用。

过度享乐之后就会感到乏味，这样的人没有快乐可言。他已经对满足感到麻木，像在平静海面上停滞不前。幸福是顺应自然。大自然一向都在产生各种不幸和灾难，我们必须学会怎样面对大风大浪，不要被命运牵着鼻子，要学会顺应天时。你必须管束欲望，只有能在简单生活中感到快乐，才会在富裕时更快乐。你不应该把钱浪费在显摆上，而应用它们购买实在之物。你要管教饥饿，吃饱后就不要再吃；熄灭酒瘾，喝到微醺就不要再喝。你的欲望要被限制在一定限度之内。像古人一样生活，不跟随如今瞬息万变的潮流和一掷千金的风气。控制你的欲望和享乐，压制任何沉迷奢靡的冲动。不要因贫穷而责备穷人，应该像他们一样简朴生活，这没有什么可羞耻的。最大的财宝就藏在你心中，要用自制力才能打开宝盒。你永远打败不了命运，或避开所有她给你的灾难。但是，最重

[①] 亚历山大图书馆由埃及国王托勒密一世建造。——译注

的枷锁属于那些脖颈最柔弱的人，只有经历了命运无常的人才知道何为真正的幸福。

— 评　述 —

　　大多数现存的古罗马文献都出自社会高层人士之手，只有最富裕的那部分人才承担得起多年的昂贵学费来学习修辞和文学技法，如此才能创作出高质量的作品。处在这一环境里，也难怪这些人自视甚高，他们对自己治理罗马，造福公民的能力尤其自信［见西塞罗所著《共和国》（1.34）］。后期的贵族们竞相通过征服土地和谋取政治地位获取至高的荣耀和权力，共和国在斗争之下四分五裂。我们可能会对这些政客感到愤慨，认为共和国的父权主义不过是另一种形式的权力凌驾。目前没有资料显示普通罗马人对诸如西塞罗之流身居高位的政客抱何种想法，因为他们的看法微不足道，没有记录流传后世。不过，大量罗马公民在军队中忠诚服役的事实——人数大概在所有前工业社会国家中占最大比例——也无法证明人民和政治领袖们所想一致。这是因为参军能为个人带来荣誉和收入，战争结束后，庞培或尤利乌斯·恺撒之类的将军颁发的奖赏可比得上士兵们好几年的薪水。

罗马帝国在罗马城累积了大量的财富，共和国政治精英和后来的皇帝们才得以挥金如土，向全体市民发放补助粮和建设大型娱乐设施。皇家浴场就是庞大的休闲综合体，只要看到卡利古拉浴场的巨型围墙，就能感觉出这建筑的规模有多么恢宏。以上描述都是基于琉善的《西庇亚斯》(Hippias)，文中对洗浴之好处大为赞扬。塞内加在《书信集》(56)中绘声绘色地描述了浴场中传来的嘈杂声。马提尔的讽刺诗也提到，在浴场热气腾腾、水汽氤氲的氛围中，有些不检点的行为发生。小普林尼在《书信集》(1.15)中抱怨说他的一个朋友没有来参加晚宴，他便威胁这朋友要为此埋单。公元10世纪拜占庭的民俗学汇编《农书》里列出了几个制作鱼酱的配方，这种配料被罗马人广为使用，能使食物增鲜。

奥古斯丁的《忏悔录》中有一段著名的记载，一位年轻的基督教朋友因沉迷刺激而振奋的比赛受到了诱惑。弗朗托（Fronto）则在《书信集》(Letters 2.18.9-2.18.17)里阐释了为公民举办赛事背后的政治原理。赛勒鲁斯的处决和提图斯举办的比赛，见卡西乌斯·狄奥所著《罗马史》(66.25和77.1)。关于在处刑时再现神话的场景，见斯特拉波《地理学》(6.2)和马提尔的《奇观集》(On the Spectacles 7)。塞内加在《书信集》(5)中曾说，用看比赛来消磨时间对性格的养成最有害，至于可怕的午间处决,塞内加也对那群观众予以了谴责,但应小心,这并不代表普遍的观点。塞内加的作品有部分是为了宣扬他信奉的斯多亚学派①,这个学派无论地位,总是对人抱有一致的同情心。即使这样,塞内加也认为这些死囚该死,只是如果能以更高尚的方式处决他们而不是简单的屠杀,罗马人就更能从中受到裨益。要想全面了解斗兽场的比赛并进行延伸阅读,请看本人著作《康茂德②杀死犀牛的这一天:罗马竞技比赛面面观》(*The Day Commodus Killed a Rhino: Understanding the Roman Games*,约翰·霍普金斯大学出版社,2014)。

　　本章关于平民赌博的内容,依据阿米安在《历史》(14.6.25-14.6.26)中对公元4世纪时期罗马人民的描述。法尔克斯对赛车赌徒的鄙视,见小普林尼的《书信集》(9.6)。玩骰子时念的咒语来自《希腊魔法纸莎草》(7.423-7.428)。便衣警察的危险,请参见爱比克泰德(Epictetus)所著的《哲学谈话录》(*Dissertations* 4.13.5)。尽管我们不能说这是普遍现象,但至少表

---

① 目前较多的翻译是"斯多噶学派",但该译法中的"噶"音并非来自于这个学派的全称Stoicism(该词源于创始人芝诺讲学大厅中有彩色绘画的柱廊stoa),而是来自于对该学派信众的称呼Stoic,故采取"斯多亚学派"译法更为准确。——译注
② 此人为罗马帝国皇帝,180年至192年在位,称自己是大力神海格力斯的儿子,多次亲自下场参与角斗和斗兽。——译注

明皇帝很清楚，人民当着君主的面阿谀奉承，但其实背后又是一套。

古罗马人对奢侈的看法有点儿表里不一。一方面他们乐于接受帝国的奖赏，为自己花很多钱，另一方面他们又总是一遍遍提起传说中的黄金时代，那时罗马纯洁的价值观尚未被腐坏，仍旧朴实[法尔克斯对此发表的评论，主要根据李维的《建城以来史》(39.6)和老普林尼的《自然史》(9.58.117-9.58.118)]。这种反复不安也许说明了罗马人担心自己通过传奇般的坚强意志打下了帝国，却也会在纸醉金迷中逐渐软弱。

西塞罗在其《论友谊》(On Friendship)中，细致阐述了上流罗马人对友谊的重视，不过罗马的友谊通常不会越过社会壁垒。西塞罗自己曾释放了一位受过高等教育的奴隶，名叫泰罗（刚好也是初级角斗士的称号①）。西塞罗几乎把他当作了同等地位的人，还给他写信（除了经常开玩笑说要打他），但

---

①古罗马的角斗士也按照资历和输赢划分不同等级，相当于现代跆拳道练习者的"带"。对于初级角斗士的称号是 Tiro（泰罗），此时他们尚为角斗士学徒，在第一次比赛后若获胜，便得到 Veteranus（幸存者）的称号。经过一段时间的实战和训练后，角斗士便进入等级排名，由低到高共分为四个等级，QuartusPalus、TertiusPalus、SecundusPalus，最后会成为高级角斗士 Primus palus。不过，这一等级体系在罗马帝国、共和国等时期和罗马疆域内各地区存在些许差异。——译注

这并不是罗马社会的常态。罗马高度分化的社会让跨越阶层的友谊很难维持，原因很简单，即这样的友谊一般会被划分为恩主和代理人的关系。法尔克斯所提到的那位有钱朋友的生活方式，参考了小普林尼的《书信集》（3.1）。西塞罗在其著作《论老年》（On Old Age）中记载了马尼乌斯·库里乌斯的事迹。而耕田将军辛辛那图斯的形象则非常有影响力，美国的乔治·华盛顿将军就常被比作和描绘成他。塞内加指责人们收集体量庞大的藏书却一本未读[《论心灵的平和》（On the Tranquil Mind,9）]，并且在他的《书信集》（48.7-48.8）中以斯多亚学派的观点劝诫人们接受命运的安排。

第七章

——

充满活力

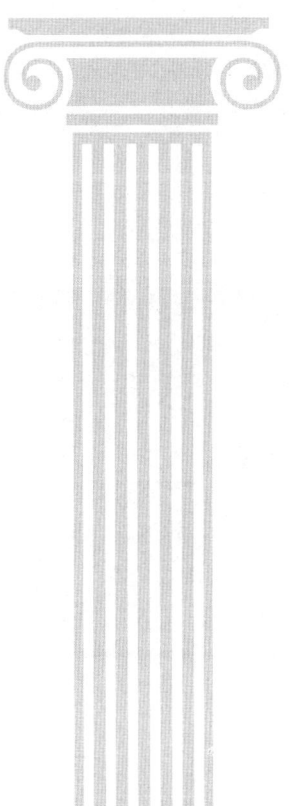

第七章 充满活力

如果此生只渴求一件事，那便是拥有健康的身体和健全的心灵。如果能够保持健康活力，那你便永不需要和药物打交道，甚至也用不着按摩师和涂油师。富有活力的人可以穿梭于乡村庄园和城市的烦琐公务之间，生活有无限的可能，还可以航海、狩猎。常做运动，偶尔休息一下。躺着不动只会让你的身体虚弱，提前衰老，而工作却会强健身体，延长青春。如果说罗马人身上有一种最典型的特性，那便是他们的活力。罗马人不满足固守本土而喜欢向外扩张，直到掌握了庞大的帝国。现在，就让我来向你展示如何创造体内的活力。

从28岁开始，我一直遵循一种特定的生活方式。在仔细研究一系列医生著作后，我明白了保持健康的艺术。我严格遵守自己制定的原则，从那时起就再也没有生过病，除了几次轻微的发烧。我的生活方式分为六个重要方面：饮食、运动、生活环境、睡眠和关注心灵；以及在几个方面保持适度，互相平衡。做好每个单独的方面都有助于提升个人健康，但如果全都做好，你就会百病不侵。大自然最知道也最了解你的身体需要什么。但是如果你不配合她，自然就会与你为敌。

你必须顺应自然而活，明白体内的自然规律。我们的身体由不同液体组成：四种主要液体是黑胆汁、黄胆汁、血液和黏液；还有其他液体，如汗液、精液、尿液和痰液。当这些液体失衡，疾病就会产生。人还分为各种体质：胖瘦、寒热、干湿。有些人大便溏稀，有些人却大便干硬。你生什么样的病，也反映了四种基本体液受到的不同影响。我们都存在一些天生的弱点让体液无法达到平衡，但无论这缺陷是什么，你都应努力克服。如果你太瘦，目标就是要增肥；体质过于燥热的人就应该让自己清凉一下；便秘者则需要疏通肠道。你要把注意力放在你身体最不舒服的那部分。

说到饮食，你要特别注意吃进去多少东西。如果吃得适度，身体就能保持最好的消化能力。如果把自己塞得饱饱的，那很多东西都消化不了，会阻碍肠胃的蠕动。要是你身体健康的话，查看晨尿是最简单的方式。如果尿液一直都比较淡，但在早上变得很浓，就说明你还没消化完，前夜一定是吃多了。

开餐前最好先吃一点儿开胃菜或沙拉，之后吃水煮肉或烤肉都可以。但是肉类很难消化，不应该吃得过量，而且如果你年事已高就一点儿也不要吃。谨慎食用水果，甜度太高也会难以消化。甜点对健康的胃不会有坏处，但如果胃功能不好，甜点就会加重病情。如果你胃不好，最好还是在餐前吃点儿枣子、苹果之类的食物。一旦喝了太多酒就不要再吃东西，因为你会胃口大开。同样，也不要在吃很饱之后运动。饭后最好喝一杯冷水，过段时间再睡，以便为身体提供消化的契机。

所有人都应该适度饮酒。如果喝太多就会让理智之人变得易怒，冲动好斗。醉酒后，大脑中清醒的那部分也会迟钝、迷茫。酒对老年人特别有好处，因为能够大大增强肾功能。但是年轻人最好别碰酒精，他们已经够莽撞的了。

如果你太瘦了，想要增肥，那就要遵循以下的计划。适量运动，常常休息，身上多涂油，在午餐后进行规律的泡澡，并且尽量一天只排一次便，多睡觉，选用柔软的床。你不要让自己陷入沮丧或愤怒的情绪，吃多脂有油水的食物。在能消化的范围内尽可能多且有规律地吃肉。角斗士为我们提供了增重的最佳范本。他们常被称为"大麦人"，常吃谷物，却很少吃肉。这样很快就会拥有强壮的体格，让他们在比赛中如鱼得水，脂肪能在身体承受对手攻击时保护他们。但角斗士也需要增强骨骼强韧度，以便支撑剧烈增加的体重。所以他们会在食物中加入营养剂，比如草木灰和磨碎的动物骨粉。

如果你太胖了想要减肥，就要按照以下所说的去做。空腹泡泡热水澡，最好加点儿盐。在大太阳下晒晒，这可以帮助你排干体内的水分。你可以熬夜，睡硬床，减少睡眠。你可以多操心生活中的事，剧烈跑步、走路和做运动。吃点儿酸和刺激性的食物，一天只吃一顿。空腹喝温酒。

催吐，用泻药给自己清肠也是有效的减重方式。一般来说，你不能为了让自己多吃几口而每日催吐。

你也不应该用太猛的泻药，效果太剧烈就会难以控制。但如果操作适度，这些方法能够轻松将你体内不好的东西排走，而不会削弱身体。我发现冬天催吐比夏天更有好处，因为那时候体内黏液更多，头脑更加闷得慌。催吐得当，对于吃饭过量、消化不良的胆病患者非常有用；但太瘦的人，或者胃太敏感的人就要避免。所以如果你放纵食欲，心痛心闷，应该马上催吐。同样，如果你胃灼热、唾液分泌过多、恶心、耳鸣、嘴巴苦涩，催吐也大有裨益。当然，休息也是很好的缓解方式，但如果你忙得没时间躺在躺椅上，催吐就是一个快速简单的疗法。只是你要记住，如果你想活得久一点，就别每日催吐。

要想在饭后催吐，就先喝温水，喝到快喝不下时在水中加点盐或蜂蜜。如果想要在晨间催吐，就在酒里掺蜂蜜或牛膝草喝下，或是吃胡萝卜然后喝温盐水。要是吐完了胃里还不舒服，就稍微吃点东西，再喝三满杯的冷水，除非呕吐已经让你的喉咙发疼。接着你应该走一走，洗个澡，让奴隶给你涂油推背，然后吃饭。这一餐要尽量清淡——就吃点干面包、烤肉和未加稀释的涩酒。

我强烈建议你节食。你可以规划出几天时间，在这期间吃少量清淡的食物，不要喝酒。我甚至会穿朴素的衣服以提醒自己这是返璞归真的时刻。你会发现，生活优越时的节食行为能很好地锻炼你，以备命运的捉弄。节食能够磨炼你的身板和灵魂，让你更轻松面对多舛的命运。正如同士兵们会在和平时期为战争做准备，你也应该培养素质以应对贫穷困窘的一刻。

排便有规律是最理想的，久坐不动或吃得太少都会引发便秘。如果你有这方面的困扰，就可以吃泻药来帮助排便，不然的话你就会胀气、眩晕、头疼或患上其他上半身的毛病。为了规律排便，你应该摄取特定种类的食物和饮品，且让自己动起来：常走路，多吃饭，饭后多走动。吃饭时喝足够的水。但如果你拉肚子，连厕所都没到就一泻千里，那就该多锻炼上半身，做做手球之类的运动。还可以空腹走路，不要晒太阳，不要太频繁泡澡。避免吃炖菜、豆子或者绿色蔬菜。相反，要吃鹿肉或者鱼干——也就是所有消化慢的东西，烤肉也可以。不要喝用海水稀释的酒，要喝浓酒，尽量多喝冷饮。如果你觉得吃了不对劲的东西，就赶快催吐，接下来三天，除了少量泡了酒的面包和葡萄干不要再吃任何东西。吃完饭多休息，让你的大脑放松。

如果你胀气很严重，就要避免冷食和冷饮，还要避免所有的甜食和豆子。口臭可以通过用加了香料的红酒漱口来治疗，也可以加入磨碎的大理石粉。这让我想起了一个最近听过的笑话。一个患有口臭的人跑去对医生说："你看，医生，我的小舌头好像位置变低了。"说完这个人便张嘴让医生看，医生惊呼道："喔唷！我看不是你的小舌头变低了，是你的屁股抬高到我面前了！"

要想身体好，运动至关重要。运动可以帮助你远离疲劳，改善器官运作，清新口气，排出有害物质。可以说，运动就是加快呼吸速度的行为。对于你们中的某些人来说，泡澡前跑步，在运动场中扔铅球就是运动。对另外一些人来说，运动可能是快步行走加深呼吸。运动之后你会出汗，也感到有点累，但是不能疲劳过度。一般而言，最好避免在饭前饭后运动。避免过于疾速和剧烈的运动。适度的就是最好的，你应该学会观察何时见好就收。如果在运动后感觉累，你就应该第二天休息一下，用热水泡澡。我也推荐你按摩，最好每天一次。

你可能在为参加战斗做准备，这样的话，罗马军团的训练方案就是你最好的榜样。最开始你应该着重练习和其他人保持同样速度的行军。没有比这更重要了，因为能否打胜仗最终还是看方阵的前排士兵是否能保持队形。我推荐你练习五小时行军二十里，然后加到二十四里。如果你还年轻，就应该进行跑步训练，这能让你冲锋起来更有动力，或者更快占据有利位置。跳远和跳高也是不错的训练，能帮助你轻松跨越壕沟和类似障碍。这样做还有更大的好处，奔跑跳跃着进攻敌人，能凭速度和敏捷让他不知所措，充满恐惧。在敌人做出反应前，就倒在你的标枪之下。伟大的庞培就很擅长这种训练，一直以此训练他的士兵。

夏日是一定要进行游泳训练的，以便渡过没有桥的河流。一直以来，罗马士兵都在城中心北边的战神广场训练，旁边就是台伯河，方便练习游泳。让你的战马也下水练练，为渡过涨水的河流做准备。

木桩训练也是增强体魄的好方式。你要用比战时所用武器重两倍的木盾和木剑来练习，像进攻敌人一样进攻木桩，有时候"朝敌人的脸"打上一拳，有时对准"敌人大腿"下手。像在真正的对决中来回跳跃，用木盾防护自己，避免把缺点暴露给敌人。一天反复练习后体格就会愈发健壮。这也是角斗士最喜欢的训练方法。

跳马曾是一项非常普及的训练，日子太平了便逐渐荒废了。一开始你先别带武器练习跳马，但之后就要全副武装。目的就是训练你无论是从左侧还是右侧上马，左手还是右手持剑，都轻松自如。这是骑兵必备的一项技能。因为在战争中你经常需要下马杀敌然后又快速上马。最后你还应该练习负重。在携带盔甲和武器之外再负重不少于六十磅，这是模拟出征时你除了武器之外还不得不携带补给的情况。

和身体一样，你的心灵也要保持健全。实际上，这两者密不可分。健康平衡的心态能够帮助维持身体的强壮，反之亦然。比如，有些人易怒易焦虑，这时候就会体温上升，呼吸不平稳。暴怒和疯狂没什么两样，都会让人乱打乱踢东西，撕扯衣物，甚至找门和钥匙出气，摇晃、猛踢，甚至用嘴咬它们。就像一些饿坏了的乞丐，不知道如何再忍受饥饿，便突然到我们面前，可怜巴巴地哀求食物，一旦没有得逞，就去咬破皮鞋，发了疯似的用锤子敲自己脑袋，跳进结冰的河中，千方百计吸引人们围到他周围，希望能获得一点儿面包皮。你得训练你的头脑，从而更好地管控身体受到的压力。

如果你意志不坚定，就应该在早上吃完早饭后轻轻按揉头部。尽你所能让头部保持清爽，避免过热。不要用毯子包头，因为这会增加脑内热度，实际上，剃光头是最好的。你应该远离明火，别泡热水澡。重中之重是不要在强日光下走路，这肯定会让你脑子稀里糊涂。但也别照月光，晚宴后不要去室外走动。冷水对大脑是最好的，所以，夏天时你应该每天都用冷水冲头。喝点儿薄酒避免头脑发沉，喝稀释的酒可以让你更加清醒。避免与人争吵，甚至也减少写作和读书，因为动脑只会给大脑加重负担。

疯子的乖张做派对我们所有人来说都是一种警告。每个城里都会有一些可怜的疯子，他们住在墓地，衣不蔽体，身上到处是在石头上碰出的瘀青。我曾经见过一个疯子，他自称是阿特拉斯[①]，走路的时候弯腰

[①] 希腊神话中的擎天巨神，因为犯了罪被宙斯命令用双手撑起天空。——译注

弓背好像整个世界都在他肩上。还有一个疯女人，觉得只要自己弯一弯手指，世界就会毁灭。我一个朋友一直深信他肚子里有条蛇。医生很聪明，要他把蛇呕出来，并事先在碗里放了条小蛇拿给他看。病人很快就痊愈了。但是，他后来旧病复发，因为他觉得在被吐出来之前，蛇在他肚子里下了蛋。

女人有一种很典型的疯症：歇斯底里。这种病是子宫在女人体内移动引起的。通常见于处女和寡妇身上。症状有气短、胸痛、大腿或阴部疼痛，还有癫痫，取决于子宫移到了体内的什么位置。最好的治疗方法就是，半哄半强迫地让子宫回到它该待的位置。如果子宫上提，医生就会让女人闻些臭气，让其下垂。相反，用香气熏阴道就可以让下垂的子宫回到原位。而找到女人体内的发病原因也很重要。有一次，一个女人整晚辗转反侧睡不着，医生也为此一筹莫展。但伟大的医生盖伦[①]注意到，只要一提到万人迷男演员皮德拉斯，她的脉搏就会加快，所以他诊断她得了相思病。

对于如何治疗疯症，医生们一直都有不同的看法。很多医生说疯子应该被铁链锁起来，或者折磨他们一顿。只要疯子说错话做错事，就应该让他们饿肚子，然后用镣铐把他们铐起来打一顿。这些医生还认为，如果突然吓唬病人，或是让他彻底处于恐惧中，会有

[①] 盖伦（Galenus, 129—199），古罗马医学家、哲学家。——译注

效缓解症状。一些医生还会把癫痫发作的人的四肢绑起来，或者给他们配一些鼬鼠和河狸睾丸制成的药剂。还有人会用火把靠近病人的眼睛，给他挠痒。黑色嚏根草经常被用作泻药清洁身体，也可以治疗精神疾病。还有一些医生认为，应该温柔对待疯子，让他们别有那么大的压力。忧郁的人应该去剧院看喜剧，狂喜的人应该去看一场悲剧。很多人相信，在疯子的大脑里住着个魔鬼，还购买咒语驱赶他们。这里就有一条咒语可以送给你，他们说效果很出色："我在此以神明之名召唤你，恶魔，不论你是谁，萨巴巴巴索斯萨巴巴巴索乌斯萨巴巴巴索涅斯萨巴巴巴法——出来吧，恶魔，不论你是谁，远离这个人。"

　　远离精神疾病的最好方式就是在惬意的环境中工作和生活。你要住在明亮的房中，夏天通风凉爽，冬天又照得到阳光。中午避免被太阳直射，夜晚注意别受风寒。河流和沼泽边的瘴气会引起瘟疫。不要把时间都用来办公，不要忽视你的身体，这样做的人和自愿为奴没有区别。泡澡是消除压力的最好方式。梦到在美丽、明亮、热度适中的澡堂中泡澡是个好兆头，这对健康的人而言预示着财富和商业上的成功，对病人来说预示着康复。泡澡还对清理伤口和溃疡有好处。但是不要泡得过分，持续泡会让人的体力下降，肌肉松弛，这道理就和久煮的肉会变得很烂一样。但老话说得不错："泡澡、美酒和女人毁了我们的身体——但这些是活下去的动力!"

你应该顺应四季的变化来安排生活。冬天应加大食量,多喝烈酒。吃些面包、肉类(最好是水煮的)、蔬菜,这会帮助增加体内热量。春天时,就要吃得少一点,喝稀释过的酒。肉要多吃,特别是烤肉。这时候的野味也最好吃。夏天,身体需要更多的食物和水来维持工作需要的能量。秋天气候变化最是危险,容易让你的身体紊乱。除非穿了保暖的衣物和结实的鞋子,不然不要到户外去,也不要在室外睡觉。有些人觉得水果是有害的,如果过量食用的确如此。

确保你有合理的睡眠时间。如果你身体很弱——城里人和文学爱好者尤其如此,只有在前一天晚上食物都消化完毕的情况下才能早起,不然就要赖在床上。如果必须起床,就晚点再多睡一会儿。消化不好的话就要在床上待一整天,别去工作也别做运动,不要处理任何动脑子的事。醒来后你应该再躺一会儿,然后用冷水洗脸。夏天吃午饭前先小睡一会儿。冬天天黑后最好一直躺在床上。如果你必须挑灯工作,还是得留出点时间消化晚饭。

如果你起床困难,就没关系,你只是个凡人,凡人就该早起困难,这很正常。在晚上睡觉前,你应该把白天做的事情都在脑子里过一遍,问问自己是不是变得更好了,又纠正了哪些坏习惯。自省之后可以睡得更香。自我和解之后的睡眠是多么平静和深沉啊!

这就是我每晚都会做的事。当奴隶撤走火把，我的妻子进入梦乡，我就会反省这一天，评估自身表现，不偏袒自己也不妄自菲薄。

健康就是一种和谐。每件事情都要做得恰到好处来维持身体的平衡，不可有任何一处过量。不要吃太多或太少，食物能为身体提供营养，能够消化就够了。如果在某件事上超过了限度——不论是吃饭、泡澡、性爱还是饮酒，都务必纠正错误。最好的方式就是做相反的事：休息能治愈过度工作的疲劳，戒酒能缓解宿醉等。大自然知道如何保持健康，但要由我们尽力配合，而这种生活是人人都可以学会的，让我们在生命的每个阶段都保持强健的体魄。

改变习惯就要循序渐进。如果你一直躺着，突然要做重活，就会给你造成不小的冲击。若你平时没做惯体力活却不得不做，就该在这之后空腹睡觉，若嘴巴苦涩，肠胃不舒服就更该如此。吃饭之前你应该慢慢散步，坐在温暖的澡堂里让人为你推油。没有晒太阳的习惯却在太阳下暴晒，之后你需要马上泡澡，把油倒在脑袋和身体上，然后躺进热水缸，再让奴隶从头部淋下大量的水。如果你要出海远航，但自知会晕船，就不要吃任何东西。只有在吐出胆汁后才可以进食，但比平常要吃得清淡些。在海上航行时，如果感到恶心但不是真正想吐，就保持空腹，或者吃一点东西催吐出来。

保持健康比治疗疾病要简单得多。不过假如你还是生了病，我就为你提供几种灵验的治疗方法吧。胃痛的时候大声念书，散散步，做一些手球之类能运动上半身的锻炼。接下来，用细管子空腹喝点热酒，一天只吃少量的两顿饭。胃不好的人面色苍白、消瘦、心脏疼，并会不自觉地呕吐。如果没有以上症状，就说明你的胃很强壮。

肌腱和韧带疼痛时，你要尽可能地多锻炼疼痛部位。甚至应该多用这个部位做些重活，敷上冰块，除非疼痛加剧。休息和呼吸新鲜空气是最好的治疗方式。参加大胃王比赛是最不可取的，因为这非常不利于消化，对身体的任何部位都有害处。

你应该了解自己身体较弱的部位。消化会对所有人造成不一样的影响，冷热也是。总的来说，高温对老年人、太瘦的人和受了伤的人不好，如果下半身有些小毛病的话，比如膀胱、子宫和生殖器官也要避免过热。寒冷会让人皮肤苍白，发青，变硬，但对年轻人和肥胖的人是有益的。寒冷还可以让思维更加活跃，提升消化功能。高温却可以缓解寒冷对人的伤害，让皮肤红润，促进排尿。过分炎热就会软化肌腱，使胃部松弛，身体虚弱，还不利于睡眠，让人大量出汗，耗尽精力，身体则易患瘟疫。

你生活的地区要是暴发瘟疫，就应该采取以下措施。有条件的话还是躲到国外去。如果这不可行，要外出的话就让奴隶用轿子抬着你走，或者只在中午前出门。不要过于疲劳，也不要吃太多影响消化。不可以起得太早，也不要光脚在地上走，尤其是饭后和浴后。无论何时都不要催吐，也不许吃泻药，克制肠胃功能总比拉肚子好。前一天喝酒，后一天就喝水。采取了以上措施，你就会在疾病肆虐时不受侵扰，尤其当瘟疫是南风吹来的病菌所引起的。如果你在一年中最易染病的月份旅行，或者旅行时经过了暴发疾病的地区，以上所说也是有效的。

有时候你会被毒蜘蛛或毒蛇咬伤。著名医生米特里达提（Mithridates）[1]为寻求解毒之法，用死囚来做草药实验。他发现，有些草药能对抗蝎子的毒性，而另一些则在缓解附子等有毒植物毒性时有奇效。所以，他把草药融合到一起，制成了一剂超级解药，希望能够解一切的毒。过了几年，尼禄皇帝的首席医生安德罗马库斯（Andromachus）在这个药方里加了点干蛇肉，改进成为众所周知的万用解毒剂。如果你害怕有人暗杀，就每天服用一点这款解毒剂以防被下毒。如果你已经被咬或把毒喝下了肚，就应该服用四到五倍的剂量用于解毒。

咬伤是一种常见的伤症，无论是被狗、猿还是野

---

[1] 此人其实是本都王国国王米特里达提六世。本都王国是公元前3世纪至公元1世纪位于安那托利亚地区的希腊化国家。——译注

生动物咬伤,几乎每类伤口都含有一定量的毒素。伤口很严重的话就要赶紧在上面放一个杯子[①];如果是轻伤,就涂上膏药,只要别太油就行。盐对于治疗咬伤,尤其是狗咬伤非常有用。用一只手盖住伤口,然后用另一只手的两根手指敲击伤口背面,就可以把伤口里的脓逼出来。要是被疯狗咬伤,就必须用杯子把毒液吸出来。若没有伤及肌腱或肌肉,就可以烧灼伤口来解毒,若毒性已深入肌肉,就应该给伤者放血治疗。一些医生建议被疯狗咬后病人应赶紧泡澡,尽可能待在热气腾腾的房间里,让毒随汗液排出。病人再在伤口上倒酒,因为酒精是所有毒素的解药。连续这样做三天,病人就能脱离危险。

神会通过梦境警告你即将到来的疾病和你的处境。我知道有个男人梦到一支标枪从天际飞来刺中了他的一只脚。第二天,他的那只脚就被蛇咬了一口,还很快发了坏疽让他送了命。我还听说过另外一个梦,有个男人梦到阿斯克勒庇厄斯朝他肚子上刺了一剑,梦里的他因此死去。这男的之后肚子的确长了脓疮,但做完手术后就痊愈了,因为阿斯克勒庇厄斯也是医疗之神,刺中他的那把剑意味着他手术成功。我在书里读到过一个梦,说有个男人生了病,就去宙斯神庙里问自己是否能痊愈。宙斯一句话也没说,只是点了

[①] 此处说的是类似拔火罐的解毒疗法。——译注

点头，但那个男的当晚就死了。这也没什么奇怪的，因为向下点头，就是宙斯在看向这个男人将被埋葬的地方。

　　多说一句。我得警告你，如果发现家中的奴隶经常说自己生病，你就得学会怎样分辨他们是否在装病。有些人会在身体上擦药，故意使其某个部位肿胀。也有人会在咳嗽之后吐血，其实是把牙龈给咬破了。还有人会装疯。有一次，我听说有个人被城里公民找去在集会前演讲，这人假装肚子疼得不行，以为这样就可以不用去。现场便有个医生想给他涂点儿热敷的膏药，但这人却不想接受任何帮助。当然了，集会一结束他就不再哭号大叫疼得慌。就算不是医生也能看出来他是装的。

　　我还记得我的一个奴隶声称他膝盖疼得要命。他是我上街时的跟班，很明显，每次我说要出远门，他的疼痛都会加剧。我还通过和他要好的奴隶发现，他爱上了一个女奴，每当我出门在外，他就想和她在一起。他甚至还把芥末涂在膝盖上好让它看起来轻微发肿。不管怎样，他没有伤害自己的膝盖，也拒绝任何治疗。这奴隶也无法详细描述痛感，说不出疼痛面是否扩大，是否感觉麻木、沉重，说不清是刺痛、抽痛，还是肌肉撕裂一样剧痛。真的很疼的人根本不会这么多戏。如果他们疼，就会接受任何治疗，不论多么难挨；但如果是在装病，再无痛的治疗他们也会害怕。

目前我所给你的医疗建议都来自我对希腊医生专著的学习。请希腊医生有个问题：他们的诊费很昂贵，并且诊断结果常常看上去自相矛盾。不论怎样，我们还是不能相信这些以行医为赚钱手段的人。要是街上随便来一个人，想要快速赢得我们的信任，说自己是医生准没错，恐怕只有医生这个职业有此种魔力。我们被治愈的甜蜜希望所引诱，但却不知这些人可能连自己在做什么都不知道。我们为了他们甘愿以生命冒险，而就算错杀了人，他们也不用负责任。所以如果你还是更想要一种传统、简单，而且便宜的疗法，那就应该参考以下几个偏方。

如果你很不幸摔断了骨头，就把猪的下颌骨烧成粉末敷在断骨上，或者煮一点猪油包住断骨处，这个方法能使骨头迅速愈合。以我的经验，摔断的肋骨最好用山羊粪和酒的混合物来治疗。让你庄园的奴隶在春天收集一些猪粪，晒干，然后用醋煮开，就是缓解瘀青的良药，甚至赛车在你身上压过也能治好。猪粪粉末最好和水一起服用，据说尼禄皇帝曾为了向赛车手证明自己和他们打成一片，也喝这种饮品让自己精神焕发。

至于癫痫，治疗方法就是把熊和野猪的睾丸混合马奶服用。混合野猪尿和蜂蜜也不错，尤其是尿液在死掉的野猪膀胱中得到浓缩后，疗效更好。也可以用盐腌制野兔的肺，再加上乳香和酒服用。其他的疗法还有烟熏驴脑拌蜂蜜。如果你感到癫痫就要发作，就拿母驴生过雄性驴驹的胎盘，闻闻气味，对病症有抑制作用。还有一些人推荐在新月时期吃点黑驴的心脏，或者将黑驴血与醋混合，服用四十天。要治疗谵妄症，就可以把铁匠蘸过滚烫铁块的水和驴尿混合起来饮用。还有一个治疗癫痫的法子就是让病人站直，拿同样分量的山羊板油和公牛胆汁煮沸，让病人喝一口。

要治疗忧郁症，就可以把小牛犊的粪便在酒中煮沸喝下。要是你终日无力，只要吸进山羊角烧焦的味道或野猪肝的味道，就能活蹦乱跳。结核病患者可以通过用薄酒服送狼肝来缓解症状，服用草药喂养的母猪的猪油也有效果，或者吃点卤过的驴肉。把青秣料喂养的公牛的粪便晒干焚烧，通过芦苇秆吸入烟气，据说也是一个良方。有些权威人士还认为，治疗结核病的咳嗽可以通过喝下混有母山羊板油的粥来治疗，或者将烟熏过的雄鹿肺混合在酒中研磨服下。

治疗关节错位，最好用野猪新鲜的粪便或牛肉来敷在患处。把猪粪在陶土容器中加热，加入橄榄油，就是治疗扭伤肿胀的良药。狼油可以去除身上的硬块。要缓解肌肉酸痛，可以将公牛粪用煤渣加热后，与腌制过的牛油一起煮沸，涂在相应位置。将熊油混合百合根，或将猪油混合猪毛灰涂在烧伤处，可以有效治愈伤口。如果想要祛疤，也要用到母山羊的粪便。公牛的耳朵和生殖器可以用于制作最好的胶水，也是烧伤最好的药膏。猫粪有助于消除脸上的粉刺，同样，也可以将野兔胃膜和磨粉的乳香，以及油混在一起，混合槲寄生和蜂胶也有同等作用。

女人是唯一有月经的动物，同样也只有女性子宫中有胎块。这些胎块是不成形的血肉，它们到处移动，可能会阻塞月经，甚至会影响生产，当肠胃剧烈蠕动的时候还可能引起女性死亡。将没洗过的羊毛浸入公牛胆汁可以改善女人经期。世上没有比女性经血更强大的东西了，滴到酒里，酒会发酸。碰下作物，作物就枯萎死亡，经血会让花园中的种子萎缩，让树上的果子掉下。明亮的镜子照到经血，表面就会昏暗。经血能使刀子变钝，能杀死整个蜂巢的蜜蜂，还能让铜铁快速锈蚀。经血气味会让狗发狂，让被咬的伤口染上无法治愈的毒素。

治疗子宫疾病最好的方式是用烧灼鹿毛的烟来熏蒸子宫。我还听说，母鹿会在知道自己怀孕的时候吞下一颗石头。如果能找到这块石头，带在身上做护身符，就可以防止流产。子宫疼痛可以通过吃狼肝缓解，而狼肉对即将生产的女性有好处。野兔也对怀孕妇女有益处，晒干它的肺，制成汁服下可以减轻分娩之苦，而它的胃膜可以帮助排出胎盘，尤其在混合了番红花和葱韭汁之后会更有效用。把一小块这种混合物放入阴道，还能够排出死胎。

如果你妻子怀孕，你想要个男孩，就让她在饭菜中加入野兔子宫，或者让她吃点动物睾丸。你还可以让妻子在刚怀孕的时候吃点马兜铃配小牛肉。如果你妻子已经过了三十岁，几乎无法生育，就让她吃从野兔子宫里拿出来的胚胎，这能让她恢复生育能力。吃九粒野兔粪便，会让年轻女子的胸部更加紧实。

把母猪奶和蜂蜜酒混合服用，能够减轻分娩的疼痛，而用母猪血按摩哺乳期母亲的胸部则可以缓解涨奶，如果她乳头疼，喝驴奶会好受些。子宫若有溃疡，可以用未经加工的羊毛抹上干母猪油擦拭患处。控制子宫下垂可以用注入黄油的疗法。抹一点晒干的驴脾在胸部，母亲奶水便会充足。生产时的阵痛易导致将来无法生育，可以将蛇油混合铜锈和蜂蜜，并在同房前涂到生殖器上，有助于改善不孕。

除了寻求希腊医方和这些传统疗法，还有一个治疗疾病的选择，就是拜访医疗之神阿斯克勒庇厄斯。他的神庙香火很旺，你的附近可能也有一处。请注意，你向神献上贡品后，一般都要在该神庙辖区内住下，这位神明便会来到梦中治好你的疾病或告诉你该用什么方法治疗。人们经常会在神庙外墙上写下自己的症状，以获得神的托梦，来了解治疗方式。我记得有一条写的是，"一个男人脚指头上的伤是被蛇治好的。他的脚趾非常疼，神庙侍者便带他走出神庙，让其坐下。睡着时，神明化作了一条蛇爬出神龛，舔了舔他的脚趾。这位病人醒来，脚趾就好了。他说在梦中见到一个美貌的年轻人在他脚上倒了点药。"

我拜访过一次阿斯克勒庇厄斯神庙。拜访完后需要沐浴。我梦见我吃的东西并未很好地消化，于是就去询问祭司这是怎么回事，祭司建议我晚上催吐。第二天晚上，梦里的神明命令我去做很多奇怪的事。所以当南风吹涨了海浪，船只面临危险之时，我就得划到对岸去，吃蜂蜜和橡子，然后吐出来。第二天梦里神明命令我泡在雪地中，我很乐意遵守。很快，我的病就治好了，身上也不再疼了。

还有一种治疗方式就是用魔法。这不仅仅是简单的迷信，比如那些流传很广的，在每个月的第十七天或第十九天剪头发，可以防止秃头和头痛。魔法是运用超自然的力量来治愈疾病，防止其他灵体攻击你。一般来说我不信这个，但如果你想了解，我可以和你说一些。最简单的就是佩戴护身符来驱赶邪恶力量。当了三次执政官的盖伊乌斯·李锡尼·马基安努斯（Gaius Licinius Mucianus）就把一只活苍蝇放在一小片麻布里，然后挂在脖子上，声称可以预防飞蚊症。还有很多更复杂的咒语被用以治疗更严重的病症。任何脱臼都可以用以下的法术来治疗。拿一根四到五尺长（1.2～1.5米）的绿芦苇，从中间分开，让两个男人拿着，使芦苇对准你的屁股。随后，开始念诵"莫塔斯乌阿埃塔达利斯达达雷斯阿斯塔塔里斯迪斯乌那阿皮特"一直念直到两根芦苇碰到一起。在芦苇上方挥舞一把剑也可以治愈脱臼和骨折。以下是其他有名的魔力疗法。如果牙疼的话，就把手背到身后，咬下一截被闪电击中的木头，敷在牙齿上便可痊愈。要想治愈发烧，可以拿一枚原本用来钉罪犯或逃跑奴隶的钉子，用羊毛包住，系在病人的脖子上。治疗头痛则需要在鲜红色的羊皮纸上写下ABRASAX，然后将羊皮纸制成膏药贴在头边。

不管你信不信这些方法，也许你都会想要保护自己，免得有人用魔法让你生病。你可以按照以下的步骤做一个护身符：用左手在十字路口捡一块三角形的陶片，然后将墨水和没药混合，在上面写"ASTRAEIOSCHRAELOS——你的名字让风不寒而栗，让石头断裂震碎；请摧毁一切对【你的名字】不利的咒语，因为我以你伟大威严的名字祈祷"。

— 评 述 —

我们西方世界的医疗系统能提供各种卓越的治疗方法。和现代人一样，古人也很为自己的健康担忧，但他们治疗疾病的能力有限，所以更将保健放在首位，而他们对健康和疾病的理解也与现代人不同。

最早撰写医学著作的是希腊科斯岛的希波克拉底（Hippocrates of Cos），他逝世于公元前370年，后来罗马帝国也涌现出了如阿莱泰乌斯（Aretaeus）、塞利乌斯·奥雷利安努斯（Caelius Aurelianus）、塞尔苏斯（Celsus）等作家，还有最著名的盖伦，他是罗马皇帝马可·奥勒留的私人医生，一生写有350多部著作。大多数的医理学家相信，人的身体内含有四种体液，分别是黑胆汁、黄胆汁、血液和黏液。最早是由希波克拉底的《人体性质篇》(On the Nature of Man)提出，这被认为是最具影响力的体液医学文献。这一理论认为，所患何种疾病反映了体内不同的湿热程度，从而影响四种体液的平衡。除了这个理论，医学作家们在其他观点上就各执一词，他们在医疗市场中是竞争关系，要靠独特的疗法来吸引顾客。每个医生针对疾病和伤口的愈合都有独门绝技，他们也因此经常被归为不同的流派，但实际上这并不是正式的派别，只是他们之间用药方法大致相似而已。方法医学派的医生们认为，所有疾病都可以用诊断出的身体状态来简单分成两类：由粒子收缩引起的疾病、由粒子松弛引起的疾病。这引来疾病经验主义派医生的反对，他们认为这些结论过于宽泛，最好还是针对某个患者的特定症状来治疗。而理性主义派相信，还是要通过表面的症状去探寻深层病因。

医学理论是希腊的舶来品，因此很多古罗马人对其半信半疑。举个例子，老普林尼的《自然史》

中就提到了大量居家的疗法，可以由一家之主在家中进行（特别是第28、29卷）。这些疗法只需要普通罗马庄园中能轻易找到的东西，比如粪便和常见的动物部位。所以完全不必找那些心术不正的希腊医生来家里治病。

埃利乌斯·阿里斯蒂德斯（Aelius Aristides）在他的著作《神圣故事》（Sacred Tales）中精彩描述了他对医神阿斯克勒庇厄斯的虔诚信仰，让我们得以窥见其心态。他连续数十年坚持记日记，不厌其详记录了所有的梦境、身体病恙，以及神告知他的治疗方法。他持续不断地关注自己的身体，哪怕最轻微的不适也要记录，比现代极端的疑病症还要神经质。可想而知，在疗愈的场景中，神庙祭司和侍从无微不至的关照能营造出一种安慰剂的效果，足以改善任何疾病。

在医疗、传统疗法和宗教疗愈之间其实没有清晰的分界线。医生们常在阿斯克勒庇厄斯神庙中工作，用药剂治疗和信仰疗愈也并不直接对立。盖伦就是在其父亲做了有关阿斯克勒庇厄斯的梦后选择学医的。后来，他也顺势以神谕为借口，拒绝跟随皇室远征日耳曼，他说阿斯克勒庇厄斯在梦中告诉他不要远行。

本章中的大部分内容根据的是盖伦的著作和塞尔苏斯的《论医药》（On Medicine）。塞内加在《书信集》

（18）中略述了断食的好处。维吉提乌斯的《论军事》（On Military Matters,1）则写到了罗马军队新兵将要进行的训练，说他们要负重60罗马磅的包袱，相当于现代的20千克。要了解古代人对精神健康的看法和治疗，见本人作品的《古罗马流行文化》（Popular Culture in Ancient Rome）的第二章。关于饥饿之人自残，见金口圣若望（St. John Chrysostom）的《哥林多前书讲道》（Sermon on the First Letter to the Corinthians 21.5-21.6），收录于《希腊教父集》（Patrologia Graeca 61.177-61.178）。《圣经·新约》（路克福音8：26-9）中描述了被恶魔附身之人独自住在城郊的可悲命运。《希腊魔法纸莎草》（4.1227-4.1264）中也有提到一条驱散恶魔的咒语。用魔法来治疗疾病的相关叙述，见老加图的《农业志》（160）、老普林尼《自然史》（28.11.45-28.11.46）和《希腊魔法纸莎草》（7.201-2；36.256-64）。和疾病有关的梦境，请参看阿提米多鲁斯的《释梦》（如5.59，5.61，5.71等章节）。

第八章

—

神助自助者

罗马人成功的秘诀是什么？当然是我们的气节、征服欲和善于经营家庭的能力。但如果没有得到神的帮助，这些都是枉然。若你想感受罗马式的成功，也一定要学会如何赢得神的帮助，并让他一直在身边守护你。让我来告诉你要怎样得到众神之力，怎样去理解神明告诉你的事，以及怎样借助神明的力量来击败你的敌人。

你会和神明说些什么？你，一个弱小的凡人，怎么才能让高高在上的神注意到你的请求并给出回应？其实你只需简单地说："我献给你贡品，你替我达成所愿。"你必须不断用实际行动强调这一信息：献上祭品，为神明们提供不同的贡品——不论是祷词、誓言还是牺牲，并相信你可以以此取悦神明，请他们对你施以援手。当然，神不一定总会听你的，也不会被礼物打动，但如果你一直这么虔诚，长此以往他们就会保佑你。这种弱小凡人和强大神灵间的共赢关系，不仅仅是尘世万物的驱动力，还是宇宙自身运行的动力。

若没有正确的祭礼和恰当的表达，献祭或问神就无济于事。有些说辞适用于寻求好兆头，有些说辞是用来请神帮助的，而有些是用于避开厄运。比如在法庭中，你会听到一位侍者对着一本书，逐字逐句地大声念祷文，确保不说错一句话；而另一位侍从则负责检查这套说辞是否正确，还有一个侍从负责在念诵之时让所有人都保持肃静，并安排一位吹笛者表演，这样任何外部噪音都不会打扰这个过程。

务必要在你的庄园中进行正确的祷告。当收获斯佩耳特小麦①、大麦、豌豆和小麦之时,你应该向谷物之神刻瑞斯献上一头猪,为雅努斯②献上许愿蛋糕,并这么说:"我父雅努斯,在此我向你献上这些蛋糕和酒,卑微地请求您能够赐仁慈于我和我的子嗣、我的家宅和家庭。"接下来,你就必须为朱庇特再献上另一块蛋糕,并重复同样的话。然后把猪的内脏去除,连同另外的蛋糕和更多祭酒一道献给神明。

如果想要砍伐树林,就必须献上一头猪,并念出以下的祷词:"主管这片树林的神明,不论您是谁都有权得到这些祭品。我们会从砍伐森林中受益,理应报答您的恩惠。我为您献上这头猪,卑微地乞求您能够赐仁慈于我和我的子嗣、我的家宅和家庭。请接受我献上的猪。"在耕地前,你也应该这样献祭,但要在最后加上一句:"因为您帮助了我们。"耕地期间每天都要进行这项祭仪,如果有一天没做,或者遇到公共假日耽搁了,就应该献上新的祭品。接下来是净化一片新耕地的流程。先把牺牲动物拉过来——一头猪、一只绵羊和一头公牛,然后念道:"通过这场祭礼,希望

---

① 一种从青铜时代就在欧洲种植的谷物,也称古麦。——译注
② 雅努斯(Janus),罗马人的保护神、门神,据说长有前后两副面孔。——译注

神明能够让我们劳作顺利，净化我的农场、农田还有土地。"向雅努斯和朱庇特祈祷并献酒时，也和上面是一样的流程，不过在为玛尔斯①献祭时，应该加一句："我父玛尔斯，我恳求您免除我土地上的病害、贫瘠和毁坏，请让我的作物生长茂盛，带来丰收。"检查牺牲的内脏，如果因为不干净，动物肝脏的纹路没有呈现大吉的走向，你就要说："我父玛尔斯，如果这次献祭中有任何事让您不快，我都将更换新的牺牲来赎罪。"然后就一直更换新的牺牲，直到内脏上出现了吉兆。如果只是一只动物的内脏上没有出现想要的纹路，只换这一品种的动物就可以了。

过节也有相应的方式。在罗比古斯节②，你必须要和小麦锈病之神（也有说是一位女神）罗比古斯和平相处。节日定在锈病之神现身的四月，要献祭一只狗，将它的内脏连同羊内脏一起投入火焰，然后念出祷词："斑驳的锈病，请你远离作物的叶片，让柔嫩的新芽得以在土地上摇曳。"随后向火焰中的内脏倒入香和酒。

二月的牧神节是属于狼的节日。我不知道这节日名字的由来。传说，一头母狼养育了罗马杰出的建造者罗慕路斯和他命运多舛的兄弟雷穆斯，罗马自然要

---

① 玛尔斯（Mars），罗马神话中的战神，亦是牲畜、农田的守护神。——译注
② 每年的4月25日就是罗比古斯节，人们在这个节日里祈求农业丰产，使作物远离锈病。——译注

感谢它的恩情。所以节日当天,狼祭司们就从罗慕路斯当年被遗弃的地点开始绕城跑的庆祝方式。但接下来的活动就有点儿令人难以捉摸。狼祭司会杀死一只狗和很多只山羊,让两名年轻的贵族在他们前额抹上动物的血,但很快再用泡过牛奶的羊毛擦掉。年轻人一擦干净鲜血就要放声大笑,然后把羊皮切成一条条,赤身裸体绕城奔跑,用羊皮鞭打路人。没有人会躲闪,实际上很多刚结婚的年轻女性会主动站在路中间接受鞭打,因为她们相信被抽到可以怀孕和顺利生产。

生活中有多少活动,就有多少对应的祭礼。你必须根据想要达到的目的来学会和神明交流。神明就像天上的星星一样数量繁多——他们的名字可以填满十卷书册,你必须集中精神找到对应的那一位。比如,农场是由卢西娜女神来管辖,山川之神是朱伽提努斯,小山坡属于女神科拉提那,山谷则是女神瓦洛尼娅的属地。而对于作物来说,女神赛亚能够在种子发芽前庇佑它们,赛捷提亚负责保护已长出来的芽苗。普洛瑟庇娜负责照顾发芽中的种子,而看护茎节是诺多图斯的责任所在,女神瓦伦提娜掌管谷壳,马图娜监管成熟的过程,而开花的一刻则需有劳女神芙罗拉。一旦谷物丰收纳入储藏室,便要由女神图提里娜来护它们周全。当庄稼被从土里拔起来时,全赖女神伦西娜的庇护。还有其他一系列的神明。如果你想要向对应的神明在合适的时间以恰当方式进行正确的祭礼,就不要忽略任何一个细节。甚至你家的大门上也有三位神明。门神是福库鲁斯，门闩之神是卡尔迪亚，而门槛之神是里门提努斯。

我们宗教的最高祭司——大祭司享有最大的权力。身为大祭司，原本的职责是维护台伯河上的木桥，这也是他头衔的由来——"伟大造桥者"[①]。但是他和其他祭司还管理着更为重要的事务，就是维护人和神之间的桥梁。他们是判定所有罗马人（不论是公民还是政务官）宗教纷争的法官；决定有关宗教礼仪之奉行的法律；他们调查政务官和祭司是否恰当地履行了宗教职责，并确保一切宗教典仪都和神圣法律一致。他们有关于礼拜神明的解释权，如果有人胆敢违反他们的教令，祭司就可以根据罪行轻重对他们加以惩罚。在宗教范畴内，他们可以享有任何对指控和惩罚的豁免权，也不对元老院和罗马人民负责。

这些最神圣的罗马男性还负责选出最神圣的罗马女性——六位维斯塔贞女[②]。如果你希望你的一位女儿能够有此殊荣，就应该注意以下的候选条件。她必须在六到十岁之间，双亲健在，没有任何语言上的迟缓和听力障碍，也没有其他身体缺陷。父母双方都不能

[①] 大祭司在拉丁文中写作 Pontifex Maximus，Maximus 意为"最大的"，Pontifex 意为"造桥者"。——译注
[②] 即侍奉圣火女神维斯塔的女祭司。——译注

是奴隶或从事低等职业，如屠夫、鱼贩、演员之流。女孩的父亲也必须住在意大利半岛。

传统的做法是，大祭司会从人群中挑选二十位候选人，最后抽签决定。但现在不需要这样了。若有出身高贵的父亲向大祭司举荐自己的女儿，只要她成为候选人不违反任何宗教法，祭司就可以接受她成为贞女。成为维斯塔贞女能带来无上的荣耀，所以会有源源不断的候选人，祭司不再需要随意挑选女孩了。

一旦被选中成为年轻的维斯塔贞女，她们就会被护送到罗马议事广场边上的维斯塔贞女院，就在帕拉蒂尼山（Palatine）附近，然后由祭司团接管。祭司会象征性地抓住贞女的手，把她从父亲手中抢走，模仿战时抢夺的情景。从此时开始，贞女就不再受父亲的管制，有立下遗嘱的权利。随后祭司团会对她说："你已符合法律要求，我接纳你成为维斯塔贞女的一员。你将为了罗马人民的利益，进行一切合法的宗教典仪。"维斯塔贞女住在女神神庙中，白天，所有人都可以进来拜访她们，但晚上任何人都不许入内。维斯塔贞女被要求守贞三十年，不能结婚，必须全身心投入到祭礼和圣法规定的其他典仪中。在最初的十年里，她们要学习各色职责，在第二个十年中践行，然后，在最后的十年里把知识传授给新的贞女。三十年的守贞期到了之后，她们卸下发带和其他象征头衔的徽章后就可以结婚。有一些贞女真的结婚了，但是结局都不大好，很多人觉得这是女神对于贞女抛弃她所做的谴责，所以很多贞女一直在神庙中保持处子之身直到去世。

这一职位荣耀无限，所以，很多维斯塔贞女不会有结婚和生孩子的欲望。不过，一旦有人没有达到职位要求，就有最严厉的刑罚在等着她们。祭司团会调查任何对于贞女行为不端的指控并执行刑罚。若是轻微犯罪，维斯塔贞女会遭受杖刑。但如果她们没做到"维斯塔贞女"这个头衔的后半部分，就会遭受最羞耻和悲惨的死刑。还没被处决的时候，她们就要身穿寿衣躺在棺材里，周围是肃穆的葬礼队伍。所有家人和朋友在一旁边走边悲伤哭泣。到达科利涅门（Colline Gate）[1]后队伍就会来到一个地下墓穴旁。小墓室里有一张躺椅、一盏灯和一个桌子，桌子上摆了点食物。大祭司抬手向天，念出祷文，然后带领犯罪的贞女来到行刑者面前，由行刑者带着她走向通往墓穴的梯子。贞女一下到墓穴中，梯子就被撤走，墓穴将被土填埋，直到和地面齐平，而等待贞女的只有死亡。

很遗憾，我曾看到过一位年长的贞女被以此种方式处刑，还是皇帝下的命令。很多人都不相信对她不贞的指控，觉得她是无辜的，而她从容赴死也证实了

---

[1] 古罗马的地标建筑，据说由王政时期传奇君主塞尔维乌斯·图利乌斯（Servius Tullius）建造。——译注

这些猜测。她的一切行为都保持了尊严的无瑕。这位贞女在进入墓室时长袍刮在了梯子上，她转过身想拿起长袍。行刑者想要帮忙，她却满脸厌恶地抽回双手，拒绝和这肮脏的人接触，因为她尚是一个如此纯真、朴素和圣洁的人。她仪态优雅地下到墓室中，昂首端庄地死去。

你可能会很奇怪，维斯塔贞女的苟且之事是怎么被发现的。通常，女神会通过熄灭神庙中的长明圣火来发出警告。罗马人非常害怕这种情况，因为这预示城市将遭到破坏。在犯错的维斯塔贞女以上述方式被处决后，圣火才会被重新带入神庙，还要进行很多祈愿祭礼来取悦被冒犯的女神，让一切恢复到正轨。

国家把这些事看得这么重，原因很简单：只有神明高兴了，才会愿意帮助罗马人。所以只要罗马人让他们的神愈发高兴，罗马人就会愈发成功。罗马称霸世界，都得益于我们对神明虔诚的敬拜，只要神明还乐意，罗马就能维持它的权威。

神明也积极地参与到罗马的对外扩张中。在攻打塞琉古国王安条克（Antiochus）之前，元老院曾许诺如果能赐予我们胜利，将供奉丰厚礼物给朱庇特。誓言由大祭司宣读如下："如果罗马人民奉命向安条克发起的战争能够获胜，我们将庆祝你的荣耀，朱庇特，我们将举行十天的盛大赛事，以丰厚的金钱作为礼物，奉给你所有的神殿。"当罗马大军挺进敌城时，军队祭司还进行了另一次祈祷，想把他们的神争取到我们这边来，我们向敌人的神说明，在劫城时会善待神像，并会继续崇拜他们。对这些神明来说，与其被一个弱小、倾颓的国家崇拜，还不如受到强大罗马人的礼遇，这多么有吸引力。"不论您是男神还是女神，"祭司们呐喊，"庇佑这座城市居民的神，我向您祈祷，我满怀敬意地恳求您，抛弃您的人民和城市吧，荒废他们的建筑、神庙和宅院，让人民满是害怕和恐惧。来罗马这边吧！您会更喜欢我们的城市和神庙，罗马人将更好地服侍您，让您感受到我们的与众不同。如果您愿意帮助我们，我发誓我们将建立您的神庙，以您的荣耀举办赛事。"

开战之际，我们也会占卜。在打败萨莫耐人之前，士兵们就志在必得，吵着要出战，因为知道上天眷顾他们。但指挥这次战役的执政官很清楚，还有必要测试一下神明究竟对此有几分支持。于是他命令祭司们把圣谷喂给神庙里的圣鸡吃，凭此观察预兆。罗马军队彼时沉浸在全员的亢奋中，所以眼见圣鸡拒绝吃这些谷子，祭司也不敢相信。他便向执政官宣布说，鸡吃得狼吞虎咽，谷子还从嘴里掉了下来。执政官为此感到高兴，告诉士兵们说这预兆真是再好不过了，下令准备开始战斗。有一些骑兵看到了真相，便跑来告诉执政官，但是执政官让他们不要担心。"如果观察这个预兆的人说错了，"他说，"神明就会迁怒到他头上。而我却从他那收到了正式的预兆,说鸡吃得很香,那么这对罗马军队来说仍是个好兆头。"随后执政官下令,让那个祭司在军队的前列作战,并由他给出开战的信号。就在这时,一只乌鸦停在他面前,发出了响亮而尖锐的鸣叫。指挥官接受了这个好兆头,宣布说这是神明支持罗马的最清楚的信号。于是他下令吹响冲锋号,士兵们喊杀一片。当然,萨莫耐人被罗马打败了,但那骗人的祭司也在战斗中身负重伤。

神明是不能被忽视的。有一次执政官克劳狄·普尔卡(Claudius Pulcher)要离开西西里岛参加一场海战,占卜的时候圣鸡一粒谷子也不吃,他很生气,就把圣鸡扔到了海里,说如果它们不吃谷子,那就喝饱水吧。所以这场战争他一败涂地。有时候这些预兆也是好坏参半。在带领军队出征维苏威火山之前,执政官德西乌斯(Decius)献上了祭品。祭司检查牺牲的内脏后,发现纹路显示的都是吉兆,除了一个很明显的征兆指向指挥官会阵亡。"那就命该如此。"德西乌斯说道,然后义无反顾地奔向胜利和死亡。

很久以前,还是王政时代的时候,神明们曾赐给罗马一份特殊的好运,让其免受许多灾难。直到今天,这好运还在眷顾罗马。当时某天,一位不知姓名,自称西卜(Sibyl)的异邦女子来到国王塔奎尼乌斯(Tarquinius)面前,献上九本写满了预言的书。国王拒绝购买这些书籍,于是女人走出去烧掉了其中三本。很快，她又回到国王面前，向他兜售其余的六本书，价格依然不变。国王觉得她可能是个傻子，便叫人把她送走。女人又烧掉了三本书，随后再次回来。现在，她要以同样的价格把剩下的三本书卖给国王。国王这才感到奇怪，便叫来了祭司。他们很快辨认出书上写满的是神的祝福，就要国王把剩下的三本书买了。国王照做之后，女人便告诫他，务必好好照看这些书，说完就消失无踪，再也没有出现。国王选了两名最出色的人来守卫这几本书，又安排了两名奴隶帮助看守。国王非常看重这件事，所以，当有人报告其中一个护卫马尔库斯·阿蒂利乌斯（Marcus Atilius）没有认真履行职责时，国王如遇杀父之仇般震怒，便把他和一只狗、一只鸡、一条毒蛇和一只猿缝在皮袋里，丢入海中。从那以后，罗马就以更为认真的态度来看守《西卜林神谕》，甚至比其他财产还要看重。元老院下令，通常只有当罗马处于危急时刻，或在战争中遭遇大败，或出现了一些难以解释的重要预兆时才能翻阅这三本书。后来，罗马在和盟友的战争中蒙难，保存书籍的神庙起火倒塌，说明天神也不同意这场内战。《西卜林神谕》的原本只剩下了一点残片和部分被抄录的内容，但仍能为国家提供最好的建议。

其中一则建议，出现在第二次布匿战争期间，罗马正对战迦太基人和他们伟大的将军汉尼拔。出现的种种可怕征兆似乎预示罗马即将毁灭：流星雨点亮天空，庄稼歉收，接下来就暴发了饥荒。在这样可怕的情景里，元老院开始查阅那三本《西卜林神谕》，而书中的信息告诉他们，除非引进对小亚细亚母神①的信仰，否则罗马就会被打败。这位女神的家乡是当时罗马的盟友帕加马王国②，于是，罗马派了一位大使前去商谈女神的搬迁事宜。很快，女神就来到了奥斯蒂亚港。罗马派出了最杰出的男性，科尔内利乌斯·西庇阿（Cornelius Scipio）将军③前去迎接女神雕像，一同前往的还有城中最具美德的妇女。这些人拥着神像来到了胜利神庙。罗马专门为女神在帕拉蒂尼山上建造了一座宏伟的神庙，女神将在此等待神庙竣工。所有罗马公民都涌来朝圣新的女神。当她经过大街时，人们手里拿着香烟袅袅的香炉，口中虔诚地念着祷词。

后来人们发现，这位母神本来就是特洛伊的女神，受到埃涅阿斯④的崇拜，也正是他在特洛伊被毁后逃亡，才把罗马人带到了意大利半岛。所以这样看来，女神此次到达罗马就是回家了。但同样，她也带来了

---

① 即小亚细亚信仰的地母神库柏勒（Cybele）女神，等同于希腊神话中的大地之母盖娅，掌管整个自然界。——译注
② 帕加马王国是位于安纳托利亚的古国，公元前133年并入罗马。——译注
③ 即前文的大西庇阿。——译注
④ 埃涅阿斯（Aeneas），爱神阿芙罗狄忒的儿子，曾为特洛伊将军，在特洛伊战败后逃亡建立了罗马。——译注

一些小惊喜。她的祭司们被称为"雄鸡",会在鲜血之日和她的神像一起在街上游行——祭司们身穿黄袍,敲着鼓和钹,吹响号角和笛子,在行进中不断鞭打自己直到鲜血淋漓,最后在狂喜中自宫。然后每个祭司都会把切断的男根丢入经过的窗户。在罗马人看来,这简直有点难以接受,所以只允许一小部分人这么做,而那些想要进入这一神秘信仰的人就必须献上牺牲,接受血礼来代替自宫。在公羊祭典中,你要献上一只公羊。在公牛祭典中,你得献上一头公牛。我弟弟有一次就参加了公牛祭典,他按照惯例献上了一头公牛,因为这是当时最昂贵的选择。他站在一个坑中,上面铺了有缝隙的木板,放有献祭的动物。动物被割喉后,牛血穿过木板滴到他的头上。当他被鲜血淋得湿透后走出坑外,观众便爆发出掌声。

  神会用很多种方式和你对话。鸟儿飞过、星辰移动,还有你的掌纹和五官、身上的痣、四肢的抽搐,都是神在告诉你未来之事的征兆和应对方式。除此之外,还有很多其他渠道:通过梦境、菜品、芝士、筛子,还有召唤亡灵,这些现象都可以被解释为某种征兆,让你理解其中隐藏的信息。一般来说,你要找一些这方面的专家来咨询,在大多数集市上能找到他们。你可以向这些卜卦者提出各种问题,我自己就征求了他各方面的意见,比如去哪儿找逃跑的奴隶,是否要让奴隶自由、购买土地、建造新房子、怀孕、亲戚的婚姻，在遗嘱中留下钱财的事宜，疾病和旅行。

可能你想知道该怎样询问神谕，我来和你说说我以前造访一位卜卦者的经历，他住在阿弗纳斯湖①（Avernus）附近。我进入了一个漆黑的山洞，这里因可以召唤亡灵而名声在外。我必须先重复一遍神圣祷词，献上酒，献祭若干动物。我呼唤死去的父亲，想请他给我点建议。然后他出现了，是一团缥缈的影子，很难看清也认不出是他，但那影子却有着人类的声音和身形。回答完我的问题后他就消失了。

找占星家你要小心江湖骗子。我一个朋友的儿子生了病，他就拜访了一位不怎么行的占星家。占星家看了男孩的星盘说："不要担心，他将来会成为一位律师，然后当上市政官员，然后还能当总督。"两天后那孩子死了。他父亲又碰到这位占星家，说："我儿子死了，就是你说会成为律师，当上官员，然后当总督的那个。"这位占星家说道："通过他天赋的记忆力，我认为如果他活下来，就能成为我说的那些人。"

我还知道一个傻瓜，他相信一位法师能把他带到冥王哈得斯那儿去。法师让他在满月的时候前来，连续二十九天每天早上带他到尼罗河沐浴（他们在埃及），然后对着正升起的太阳背诵一长段咒语，似乎

---

① 原为意大利南部坎帕尼亚地区阿弗纳斯火山的火山口，后来形成了湖泊，据说这里有一处通往地狱的通道。——译注

在召唤亡灵。不用说，这几天都花了很多钱。第三十天，法师在我朋友脸上吐了口口水，告诉他回家去，别让任何人看到。这几天里他们早上都吃坚果和橡子，喝专门从波斯运来的水，每晚都睡在户外的草坪上。

当法师认为我那朋友已准备充分，就在午夜把他带到河边净化身体，给他全身涂满油。法师一边进行这些程序，一边念咒语，然后在他四周画了一个圈，保证他不受到鬼魂的侵扰。最后，法师把他带回了家。法师自己穿上了一件魔法袍，让我朋友戴上狮子皮做的帽子，再带上一把里拉琴。法师告诉他，要带上很多钱给冥河的摆渡人。他们在破晓时来到河岸边，登上法师准备的小船，上面已堆了好几只用作献祭的动物。他们往河流下游划去，过了一会儿便进入了一片沼泽地。等来到一个荒芜隐蔽的地方，他们就上了岸，法师开始挖洞。他们扭断羊的脖子，把鲜血洒在洞周围。同时，法师用尽全力大喊出对亡灵的祈祷，我那朋友完全听不懂祷词的内容。法师念完后，周围传来一阵骚动，我朋友觉得仿佛听到地狱三头犬刻耳波洛斯从远处传来的叫声，然后就晕了过去。当他醒过来时，头疼得很，带的钱不翼而飞，法师也不见踪影。事情就是这样，看你自己理解了。

是否惩罚这些骗子则交由神来决定。对其他宗教，我们罗马人一向持宽松态度，因罗马人对自己国家的神明们忠心耿耿，并确保他们永远在我们这边。罗马人吸收被征服者所信仰的神明，在扩张领土的同时也强化神明对我们的支持。但同时，我们也会把罗马神明传播到被征服者的心中，这样他们也能得到强大的神力。我们的君主驾崩后，元老院会通过投票将他们神化，君主画像也会在帝国全境受到人们的崇拜。这样一来，罗马的每个行省都知道，被神征服并不是什么不光彩的事，他们可以为君主、为总督、为社会的安定和和平祈祷，献祭，同时也可以继续崇拜当地的神祇。

但是，我们的忍耐是有限度的。一个国家要保持兴盛，就需要让神心情愉悦。我们必须小心那些可能惹恼神的个人，因为神明一旦动怒，就会通过各种形式降下清楚的噩兆。所以，了解和观察这些征兆很重要，这样才能随时掌握神明的心情。正因如此，祭司团制定了一张年表，列出一年中所有重要的征兆，并公开张贴。比如，在残暴君主图密善统治期间，不祥之鸟停在卡比多山上，房屋在地震中被掀倒，由此引发的慌乱还让体弱者被踩在脚下践踏，还有作物歉收导致的饥荒。更早一点，在共和国时期，瘟疫暴发前也有足够的证据表明神的敌意：维埃（Veii）城出生了一个双头男婴，在另一处，还有一个女孩生下来就有牙齿，而在坎帕尼亚，很多人看到一头奶牛开口说话了。

最重要的是，我们必须警惕那些可能引进奇怪宗教信仰的群体，避免让他们动摇我们和神的特殊关系。

犹太教就是这样的宗教。君主奥古斯都对他们展现了极大的容忍。他知道很多犹太人都生活在台伯河另一侧，尽管他们最初来到罗马是以奴隶的身份，但因为主人已放他们自由，于是成了罗马公民。但这些犹太人却没有改变传统和宗教习俗，还建起了自己的犹太教堂，也保留了安息日休息的做法。奥古斯都也知道他们把大量的钱财送回耶路撒冷，但却从未试过要把他们赶出罗马，或者剥夺罗马公民的身份。他很看重犹太行省和当地古老的传统，所以他对待犹太人和他们的宗教总体都很仁慈，甚至还捐钱让犹太教以他的名义举行庆典。奥古斯都确保犹太人能得到属于他们的免费谷物，尤其是安息日发放的那一份，因为当天犹太人没法领取。他们是怎样回报罗马人的慷慨呢？犹太人在尼禄时期发起了叛乱，直到伟大的维斯帕先和神圣的提图斯①将他们镇压。

　　同样极具破坏性的群体还有基督教徒。这群人甚至拒绝为罗马帝国的长寿而向神化的君主献祭。罗马大火②之后，尼禄皇帝自然要责备这个宗教，因为他

---

① 维斯帕先平定犹太之乱后自己登上了帝位，提图斯是他的长子，后继承帝位。——译注
② 公元前64年7月18日，罗马城中燃起了大火，大火的起因至今未明，有人说这是尼禄为了抢夺城内富户的财宝而放的大火，并嫁祸给基督徒，但也有说法认为放火的是基督徒。——译注

们期待世界在一场大火中毁灭①。他把基督徒丢给野兽,在他们身上泼沥青焚烧,给城市照明。虽然一些基督教徒因邪恶为人憎恨,最严苛的惩罚对他们来说也是罪有应得,但人们还是同情他们,因为人们觉得是尼禄的统治才让罗马更加岌岌可危。

小心基督教。崇拜他们的神,就是背叛让罗马伟大的神明。基督教把神明看作父亲,把其他教徒看作兄弟姐妹,而他们并不是你真正的手足和家庭。你真正的父亲才是你该尊敬和服从的人。有时国家会处于艰难时刻,这很明显就是有这些破坏群体在触怒神明,所以要镇压他们。有些基督教徒会自愿被处死。我们仅是要求基督徒向神化君主的雕像献上贡品,再尝尝牺牲的肉,可他们总有理由拒绝,认为这么做会让他们唯一的神生气。这我真是纳闷。

最近,我看到议事广场上一次对基督徒的审判,有一大群人围观。被审的人相继承认自己是基督徒。一个女孩的父亲试图说服她同意献祭,还把她的小婴儿举到她面前,想说服她改变心意。甚至法官也加入了劝说,他也不想惩罚这位出身良好的年轻女子,说道:"可怜可怜你父亲吧,也对你的孩子有点慈悲心。"可是那女孩却坚定地回答:"我就是基督徒。"她公然违抗自己白发苍苍的父亲,真是丢脸,她父亲甚至自

---

① 此处说的是基督教的末日审判论。——译注

降身份跪在地上求她，当他睁大怒目冲向她时还冒着被棍子打回来的屈辱。

法官别无选择，只好把这些基督徒全部判处丢到斗兽场里喂野兽。几天后就是君主生日，他们会在表演中被处决。表演的前一晚，死囚会吃最后一顿晚饭。和往常一样，所有当地人都过来看他们，嘲笑他们愚蠢，不愿向神明献祭，还指责他们对君主心存不良，竟拒绝向他们献上祭品。基督徒奋力回击，威胁说他们全能的神会对罗马怎样怎样，但目前这位神似乎没采取啥行动。

第二天，基督徒们就被带到斗兽场中。令人惊讶的是，他们中大多数人还面露微笑。当年轻的母亲被带进来时剥去了衣服。因为最近才生了孩子，她的乳房还有奶水滴下。人群被这种不体面的景象惊呆了，要求把她带出去，穿上得体的衣服再赴死。人群叫嚷要见基督徒的血。作为回应，基督徒们唱起了歌，这可一点儿也不好玩。有些基督徒还呐喊口号："你们审判我们，但是上帝会审判你们！"人群于是更激动了。总督让人鞭打这些基督徒，基督徒却还为这痛苦感谢他们的主——真是一群怪人。

一头野猪、一头熊和一只豹子被放了出来。囚犯们一直被绑在场地中间的高台上，这样所有观众都可以看个清楚。基督徒们大声祈祷，但他们的主并没有听见。豹子抓住其中一个人的脸，鲜血一下喷涌而出，所有人见状都大叫道："好好洗个澡！"他的尸体被拉走后，面对女人们的是一头残暴的野牛。你可以看出，那位年轻母亲的确出身良好，因为她的衣服都被撕破了，却还尽力拉扯破衣服想盖住裸露的大腿。她甚至想找一个发簪来整理蓬乱的头发。在几乎被野兽打成肉泥时，这位年轻的母亲终于被一位角斗士结束了痛苦。这角斗士是个新手，手还在不停颤抖，所以他第一次刺偏了，只是伤到了她。这女人展现出了非凡的勇气，她主动将脖子靠近，让那角斗士结果了自己的性命。

这个年轻女人的故事让我想起了一则寓言。有个男人的船沉了，他只是踩水，一直请求雅典娜的帮助，而其他水手都游走了。最后，有一个人大喊道："拜托你动动腿，好让雅典娜来帮你。"这则寓言很清楚地说明，我们不能期待神来做一切的事。我们必须自己思考，自己行动来帮助自身。那个蠢姑娘只需要向君主献上祭品就可以被释放。相反，她死了，她的家人悲痛万分，她可怜的孩子没有了母亲。

我们体内都存在一些神性，记录下我们自身的善恶，并时刻保护我们。没有内心的力量，我们就不能善良，所以必须尽力培养这种内在之力。我们崇拜一切有明显神的踪迹的地方：那些怪树丛生、遮蔽了阳光的古老密林，山脚下被自然之力掏空的幽深洞穴，温泉，大河的源头……这些地方都让我们联想到神的气息，心生敬畏。那么有些人也是这样，如果你能看出有人临危不惧，能够抵御欲望和诱惑，在逆境中仍能绽开笑容，你能看到这类人在人群中卓然不凡，平静得像个神明，那你也会在自然中认出神性的所在。这是你必须达到的目标。通过祈祷和膜拜，你可以培育出内在的灵魂，由此抛下尘世间的琐事和恐惧。所以当一个人的灵魂高于肉体，能够完全控制自己的情绪，能不动声色面对所有命运抛出的纷扰时，就已得到了上天的神力。

— 评 述 —

在传统的古罗马宗教中，崇拜者要不出差错，一遍遍地重复仪式，才能达到效果。有关这一细节，可见老普林尼的《自然史》（28.10-28.11）和老加图的《农业志》（134,139-141）。奥古斯丁在他的《上帝之城》（City of God 4.8）中嘲笑罗马众神数量是如此之多，连玉米穗这种细微之处也有神明存在。罗马的节日异彩纷呈，通常和一年中不同时期的传统农俗有关。关于罗比古斯节的记载，可见奥维德的《岁时纪》（Fasti 4.905-4.941），而有关牧神节的叙述，则见普鲁塔克《罗慕路斯传 2I》（Life of Romulus 2I）。维斯塔贞女和行为不端会接受的可怕刑罚，请见奥卢斯·革利乌斯的《阿提卡之夜》(1.12)、哈利卡纳索斯的狄奥尼西修斯(Dionysius of Halicarnassus)的《罗马古事记》(Roman Antiquities 2.67)。

古罗马人认为神无处不在,所以寻找神彰显在各种自然现象中的旨意,从鸟类的飞行轨迹到梦境预示,意义十分重大。李维《建城以来史》(10.40)和苏维托尼乌斯的《提比略》(Tiberius 2)中都提到对这些征兆的解释具有很大的弹性。拜访洞穴中神谕者的经历,来自泰尔的马克西姆斯(Maximus of Tyre)所著的《语录》(Discourses 26),而江湖骗子招魂术的故事则出自琉善的《梅尼普斯》(Menippus)。人们通过这些行为寻求神助的一连串目的,参考自西顿的多罗西斯(Dorotheus of Sidon)所著的占星手册中各章节的标题。

古罗马宗教里的献祭是神和人沟通的方式。不是所有献祭都要宰杀动物,这些在更重要的庆典才会采用。焚香——单纯将各种芳香植物和油混合,通常是作为献给神的礼物。用焚香的仪式有很多,往大了说,皇家节庆和当地街道的游行都会用到,但也用于很多小规模的仪式,供个人在简单神坛或家中膜拜。古罗马人相信神喜欢香的甜味气息,是向他们寻求帮助的绝妙方式。神也喜欢花环和焚烧的贡品,随烟气袅袅上升到天界。早期基督徒通常会拒绝参与献祭,尽管只是要求他们焚香。小普林尼在公元2世纪早期担任比提尼亚（Bithynia）总督时，甚至处决了几名基督徒，因为他们拒绝向罗马神明焚香，有冒犯神明的风险[见《书信集》(10.96)]。基督徒有时面临威胁和折磨也会屈服，献上贡品，这没有什么奇怪的。这些"叛徒"被其他基督徒蔑称为"烧香者"。焚香后来在天主教典仪中扮演了重要角色，而教皇被称作大祭司，这是基督教堂向传统异教徒习俗妥协的标志。

　　古罗马人相信神与他们同在。他们将这种惬意的状态称为Pax Deorum——诸神的和平。凡间诸事若有个好结果，他们就会把此视作神的意愿，似乎很是合理。同样，不幸就是罗马人在社会和政治行为上触怒神明的惩罚。基于这个态度就可想而知，那些让神降怒罗马的人会受到迫害。本章中殉道的故事是根据公元203年圣佩秋雅（St Perpetua）在迦太基之死的事迹写成，这也是罕见的由女人写作的古代文献。尼禄统治期间一场大火后基督徒的命运，请见塔西陀的《编年史》(15.44)。但我们并不能认为这种骇人听闻的迫害很常见。古罗马的异教实际上包括范围很广的宗教习俗，并没有后来基督教那种集中正统教义，所以也缺乏消除宗教差异和革新的原动力。通常只有当某个群体感到被威胁时，迫害才会发生。而被害人数也通常较少，因国家的迫害也不成系统。我们可以简单将被害者看作是替罪羊，杀死他们是宣扬传统道德的有力象征，而不是出于根除异教的目的。受此戕害的也不仅基督徒。魔法师、占星家还有崇拜酒神狄俄尼索斯的信徒都在特定时期受到过罗马的迫害。犹太教因其非常古老被尤利乌斯·恺撒和后来的奥古斯都认定为允许信仰的宗教，见犹太哲学家菲洛（Philo）的《觐见盖伊乌斯》（*Embassy to Gaius* 155-158）。

引进伟大母神（也被称为库柏勒女神）的崇拜，显示出同一信仰体系的另一面。如果现在的神没有用，那就找一个新的。崇拜这种宗教需要自宫，打扮得花里胡哨，阴柔作态，也许罗马人也不明白这意味着什么。但前去谈判接回女神的使节们一定有所想法，总体而言就是，在如此危急的情况下，汉尼拔都打到了家门前，必须尝试些巨大改变。不管怎样，借助埃涅阿斯的神话，罗马人得以把新女神和罗马古老的祖先清楚地连接起来。《西卜林神谕》到来的故事，是来自哈利卡纳索斯的狄奥尼西修斯所著的《罗马古事记》（4.62）。马克罗比乌斯（Macrobius）的《农神节对话》（*Saturnalia*,3.9.7-3.9.8）中记载了一套可以将敌人的神争取到罗马阵营来的祷词。

罗马大规模的征服和对待神明迁移的宽容心态，意味着久而久之，他们积累了许多新的宗教习俗。在帝国的前三百年，新宗教逐渐占据了有利地位，很多来自东方,比如密特拉教、基督教、伊西斯①崇拜和摩尼教。比起传统异教,古罗马人似乎希望能与神建立更为个人化和亲密化的关系。这些新宗教也能在更大程度上提升精神境界,信徒们通过祈祷、信仰和道德行为来接近神明,一如法尔克斯在本章最后部分中所反映的。以上内容来自塞内加在《书信集》(41)中宣扬的斯多亚学说。君士坦丁在公元312年改信基督教的行为要放在更大的环境下理解。基督教文献试图让我们相信他的改信是发自内心而不可避免的,但罗马社会早已有这一宗教趋势。君士坦丁想要统一因王位争夺而分裂的罗马帝国,基督教正是顺应了他的政治野心。和前任戴克里先一样,君士坦丁也渴望一个更为强大和集权的国家。一旦他成了独一无二的皇帝,便也需要宗教能对应这更强大的崭新统一体。此时此刻,只能有一位神、一个帝国和一位皇帝。

---

① 伊西斯(Isis),古埃及神话中的生育、生命女神。——译注

第九章

——

万古长青

如果说你真的在本书中学到了什么，那应该就是，荣耀对一个真正罗马人的重要性。不论你社会地位多么低下，荣耀都在你心中指导你展现出最高尚的行为，最后做出最好的表现。还有什么事情，比光辉隆重地死去、在历史中留下永远且稳固的美名更好呢？我们只需向神明请求一样东西：一颗不惧死亡的强韧之心。如果死得伟大，就会活在比铜器还长久的荣耀中。你的名字将万古长青。

其实吧，谁又想活到老朽的时候呢，过了四十岁，生活中就再没有新鲜事物。你已经历了生活能给你的所有东西，也没剩下很多时间去争取别的东西。长寿只会让你见识到上千种不幸。当然，长寿也有好处——你会变得智慧、谦逊、冷静，年轻的棱角被磨平了，你会得到安宁平和的心境。但长寿还有更多的缺点——你会骨折、记忆力减退、面对家人和朋友的离去。没有比白发人送黑发人更糟的事情了。面对死亡，笑一笑吧。我儿子死后的第二天，我在街上见到了他的老师。我只是说："很抱歉马尔库斯昨天没去上学，他去世了。"

你得给自己准备一场体面的葬礼。对于我的葬礼，我已留下指示，和很多杰出先辈一样，我的遗体应该被送到议事广场的演讲台上，以一个瞩目的姿势站立，让所有人都瞻仰我的遗容。我的兄弟会代替我死去的儿子发表一场演讲，歌颂我的美德和今生成就。人群了解我的所有事迹后（比如我为他们举办的演出，我自费举办的宴会），会被深深打动，为我的离去感到遗憾，加入哀悼之列。遗体火化后，骨灰就埋葬在法尔克斯的家族墓地，我的肖像也将会放在我别墅门厅的木头神坛内。这肖像就是我面部栩栩如生的面具①，在我活着的时候就已经制作好，所以其准确性毋庸置疑。几年后，每逢公共节日，家人就会把我的面具和祖先们的一起陈列。举行家族葬礼时，他们也会把面具带过来，由一个身材和步伐都很像我的人戴上，让他穿上镶紫色边的托加长袍，这是我位列元老的服饰。看到我们杰出的祖先们像活着一样从面前走过，这是最震撼人心的场景，我与有荣焉。葬礼演讲者不仅会叙述这位死者的伟大事迹，还述说了"到场"的所有过世祖先的成就。通过这样的方式，所有服务罗马而光彩熠熠的人都得到了永生。最重要的是，年轻人经过耳濡目染，也会被激励着要为公众利益而不懈奋斗，这样才可能获得属于勇者的永恒光辉。

你也应该报答那些在生命中好好服务你的人。比如，我就会释放所有尽心服侍我的奴隶。但不要过分大方，在你活着的时候就放他们走，这也太恶俗了。

---

① 即以人的真实五官做模具，用蜡制作的面具，古罗马大家族有收藏祖先头部面具的传统，但因为都是蜡制作的，目前还未见保存下来的实物。——译注

但如果你让奴隶知道，你死的时候他们能够回归自由，也有好处，能激励他们在你死前都表现良好。如果你没有家族坟墓，就要根据你的地位建造一座纪念碑。这种事嘛，简单就好。我最近见到一个释奴的坟墓，墓碑上刻满了各种花环、香水瓶、小狗和神话中的场景。这墓起码有100尺（约30米）宽，200尺（约60米）深，周围环种着果树和葡萄藤，大门口还一直站着个奴隶，不让路人在这里大小便。亡者塑像所穿的衣服与他的官职不符，明显高了一阶，身上戴了各式珠宝，雕像的姿势是正在给所有人发钱，旁边是他的妻子和最喜欢的奴隶男孩。坟墓前方正中央还有一个日晷，要是想知道时间就可以看一看，上面有用硕大字母刻的亡者名字。日晷下面刻的铭文还夸耀他有多么富裕，文末是一句箴言："不要听哲学家的话。"这听着有点道理，但是没必要说出来。

我还见过一些较为平实的铭文，如果你不怎么有钱，可以考虑一下："这里是我永恒的家园；是远离痛苦的乐土""从生不带来到死不带去，匆匆一生，何其短暂""酒从不负我"，甚至还有更受欢迎的"我还没来，我曾来过，现在我离开了，但我并不在乎"。把你的墓碑建在路边，这样经过的路人和旅行者就会看到。我知道有个好笑的笑话，说有个书呆子问人，在哪里建坟墓最好？有人建议说某某地方不错。他还较真抱怨道："这地方不行，有害身体健康。"

你要死得从容。如果你高尚勇敢地活过了一生却在死前叫得像杀猪一样，就没意义了。死得体面也是一辈子的职责之一。塞内加就是最好的例子。他曾是尼禄皇帝的家庭教师，在尼禄登上王位后，他做了一段时间的谋士。但是很快，塞内加就惹怒了皇帝（传说很可能是因为他参与了谋杀皇帝的阴谋，但也有很多人说他是无辜的）。尼禄命令他自杀，塞内加选择了最传统的方式。他让书记官把他的遗言写下来，然后，在密友的陪伴和注视下，他割断了手腕和大腿的动脉。这过程中他一直在和朋友们交谈，保持了端庄镇定的姿态，就好比苏格拉底喝下毒堇汁时那般从容。那时塞内加年事已高，吃的也不好，所以血液流得并不多，接着他又喝了一杯毒药来加速缓慢的死亡，依然没有效果。于是，他命令他的奴隶们把他泡到热水里，让血液流动更快。但还是没用，皇帝派来监督他自尽的士兵威胁说，如果还是这样就让他们来动手。所以塞内加就被移到烫水中，很快，他就在水汽中窒息了。按照塞内加早先的遗嘱，他不举行通常的葬礼。他是如此高山景行，甚至在权力最盛之时还想着朴素地结束生命。

女人也可以光荣死去。当凯基纳·帕埃图斯（Caecina Paetus）因受到指控说他背叛君主克劳狄亚而被勒令自杀时，他每次举起剑准备刺入胸膛，都被吓得魂飞魄散，真是十足的懦夫。他的妻子阿利亚便拿起剑刺向自己，然后还跟他说："看，帕埃图斯，不疼。"

甚至连外国女性也死得可圈可点，埃及托勒密王朝末代女王克里奥佩特拉就是一例。奥古斯都打败了她和她的情人马克·安东尼，想让她在罗马游街以庆祝胜利，而克里奥佩特拉破坏了这一计划。她宁愿以女王的身份死去，也不愿活着成为罗马人眼中的战俘。所以，她叫来了两名最忠心的侍女，奈拉（Naeira）和卡米尼（Carmione），一个为她梳起美丽的发髻，另一个为她修剪指甲。然后，她们躲过卫兵视线，把一条眼镜蛇藏在装葡萄和无花果的篮子里运了进来。这种品种的眼镜蛇俗称"喷射者"，瞄准精确，具有致命的毒性。两位侍女自愿测试毒性，确保这毒蛇能够致死，所以她们很快死去。克里奥佩特拉便将毒蛇对准了自己，也随之死亡。奥古斯都听说此事惊呆了，既感叹两位侍女对女王的忠心，也被克里奥佩特拉不愿为奴的决心打动。人们说她死的时候还戴着她的王冠。她即便死去，仍是女王。

我们已知，角斗士能够用死亡一雪前耻。当胜利者手持长剑，将它放在落败者的脖子上时，后者一定要用坚定的眼光注视着它，不能有一丝恐惧和情感。死囚也能通过选择死亡的方式展现出非凡的勇气。最近，我听说有一个日耳曼俘虏被判处了死刑，要他在斗兽场中与野兽搏斗——真是惨烈。表演当天早上，他去茅房上厕所——这是唯一没有卫兵陪同的时刻，然后他拿起用来清洁屁股的海绵棒猛插进自己的喉咙，窒息而死。虽然不大优雅，但却很是有勇气。在另一个例子中，一位角斗士将被马车带到斗兽场。他头上下晃动，好像睡着了一样，但他却突然把头伸到轮子辐条中，扭断了自己的脖子。这辆送他去刑场的车子也帮助他逃脱了悲惨的命运。

在面对悲剧时，我们也不必惊讶。人类的命运就是要承受各种各样的灾难和不幸。很多人害怕死亡，但死亡对我们每个人都是平等的。维苏威火山爆发后，很多人甚至抛弃了坎帕尼亚，说他们不会再踏入这个地区一步。这是自欺欺人，好像这世上其他地区永无危险一样。在神的法律中，所有地区都是平等的。命运如转轮般循环，若有它长期未光临的地方，终有一天会再次造访。

智者从不畏惧命运。如果你聪明，就会知道所有的财产、权力，甚至你的身体，都只是暂时属于你。智者也明白，正因为生命不属于自己，所以生命也并不是毫无意义。不论拥有什么，我们就只是保管人，何时神明想要回来就得归还。一个虔诚谨慎的保管人会谨慎履行他的职责，当归还之日到来，他根本不会有怨言，只是对主人说："谢谢你让我拥有这一切，在我的照料下资产还有所增长，现在我愿意把它们都还给你。"所以，当上天要回你生命时，你应该也说："拿回我的灵魂吧，它比你给我时变得更好。"将东西归还给原主，这有何难？

不知如何去死，便也不知如何活着。如果角斗士千方百计想通过拙劣伎俩活下来，就会使我们憎恶；而面对那些不畏惧死亡的人，我们却满怀热爱。所以，要是贪恋生命，神明也会折磨我们。人的一生就像是神观看的角斗士表演。神会说："我为什么要放过你这样懦弱的生物？你不知如何将喉咙伸向长剑，所以你会挨更多刀，受更多伤。"但是对于勇者，神会说："你在接受重击时没有缩起脖子，也没有举手制止，所以你将活得更长久，死也死得利落，没有痛苦。"

厄运只会重创那些对此毫无预料，毫无准备的人。沉迷享乐的人会觉得悲剧难以承受。我们在世界各处都看到悲惨之事，那么如果真的有此等事降临在我们身边，又有什么新鲜？当灾难来临时再去锻炼意志已为时太晚。你要明白人世间的一切皆是转瞬即逝，无论你曾多么有钱，多么有权，多么有力，都不过是昙花一现。尤利乌斯·恺撒难道不是在权力的顶峰被人刺杀？曾让罗马人闻风丧胆的朱古达[①]难道不也是在一年之内就被打败？又有多少曾经的国王和女王以战俘的身份在罗马游街？这个瞬息万变的世界里，你必

[①] 朱古达（Jugurtha，前160—前104），努米底亚国王，曾在公元前111年"朱古达战争"中击败罗马，但后来被罗马人活捉。——译注

须准备好该来的终究会来。这样想能够让你真正面对它时有力量去还击。

哲学家们可帮不了你。有的人建议你及时行乐，有的人叫你去过苦行僧的生活；有人要你憎恶金钱，也有人对你说金钱是个好东西。他们的花言巧语总能自圆其说。实际上，就我的观察，这些哲学家的行径和他们所宣扬的正好相反。那些声称讨厌金钱的人却爱财如命，往往会收取更高的利息、更高的学费，为了敛财不惜一切手段；而号称鄙视虚名的人却把时间都花在了沽名钓誉上。

别相信这些空谈了。世人都不知道神明打算让我们在世上活多久，甚至你在浏览这些话语时，生命也在流逝。所以把握当下吧！别指望明天就会更好。你必须现在行动，让生命更有价值。在神的指引下，拥有自助的精神才是真正成功的根基。没有人可以仅靠自己成功，但是，若太过于仰仗他人之力，自身意志就会被削弱。他人替你做事，你就无法亲力亲为。总是请他人帮忙，你将一无是处。你的性格受到各种因素潜移默化的影响：家庭、经历、看过的书、朋友、邻居，还有敌人。他们固然对你影响很大，但你仍是追寻自身幸福和成功的主要执行者。

如果你听从这本书的建议，你也将得到罗马最好的馈赠——成为一位快乐的绅士，从大片的庄园中赚取丰厚收入。你会拥有许许多多房产、听话的孩子和顺从的奴隶。你将知道如何培养健康的习惯，优雅的礼仪和休闲方式，而不被奢靡所俘虏。以一颗强大勇敢的心，让神与你同在。你将成为下属的榜样——一个诚实、受人尊敬的人，毫不动摇地坚持初心。最重要的是，你也愿意为罗马献出一切。

— 评　述 —

尽管法尔克斯对哲学颇有微词，他在本章最后一部分里给出的建议其实还是参考了不同的哲学著作。其内容最主要反映的是塞内加的斯多亚学派思想，而法尔克斯也提到了他的死亡［见塔西陀在《编年史》(15) 中的记载；也可见塞内加的斯多亚学派著作《书信集》(70) 和《论平静的心灵》］。这种思想在罗马帝国上层人士中非常流行，最著名的践行者就是皇帝马可·奥勒留，和其他人一样，他也写了一本《沉思录》。这种务实哲学些许反映了罗马一贯以来的坚强精神，但实际也是从希腊传进来的。哲学家芝诺（Zeno）最早创立斯多亚学派，它是一种生活方式——顺应自然生活，强调行为比所说的话和观点更重要。斯多亚学派倡导以消极和顺服的心态接受命运带来的一切，受众甚广，这可能也反映出在君主掌权后，罗马政治精英们失势的心理。

面对尼禄的乖戾统治,你也别无选择。

卡西乌斯·狄奥的《罗马史》(60.16)中记载了凯基纳·帕埃图斯勇敢的妻子阿利亚的故事。关于上层人士的葬礼,见波利比乌斯所著《历史》(6.53)。关于儿子去世的笑话,见现存的一本古代笑话集《爱笑人》(The Laughter-Lover),面对高死亡率和突如其来的夭折,罗马人以黑色幽默表达了自己的态度。佩特罗尼乌斯在《讽刺小说》中描写了暴发户特利马尔奇奥那俗气的墓碑,即使死后他也绞尽脑汁想要一鸣惊人。本章列出的更简洁的铭文,见《拉丁铭文集》(比如143号铭文、225号铭文、856号铭文和1495号铭文)。

法尔克斯盛赞光荣且体面地死去,让我们想起了贺拉斯的诗句 Dulce et decorum est pro patria mori——"为国捐躯既甜蜜又光荣"(《颂歌》3.2)。第一次世界大战期间的种种事件足以浇灭这英雄主义的一腔热情。法尔克斯强调个人要在集体环境中作为,也有悖现代关注个人自由和发展的理念。不过,从他面对逆境的毅力中,我们还是可以学到很多。根据联合国的数据,现今世界上有超过10亿人一天的生活费不到1美元,尚有20.7亿人不到2美元,我们也应该注意,西方所崇尚的个人主义仍是很多人无法企及的奢侈。

延伸阅读

现代的励志书籍最早是一位名叫萨缪尔·斯迈尔斯（Samuel Smiles）的作家所著，他的名字也恰如其分[1]。他所写的《自我提升：性格和行为实例》成了维多利亚时代的畅销书。此书大卖，一部分原因是传统的民间智慧不再适用于工业革命后巨变的社会。人们逃离乡村，来到城市，过去所奉行的那一套忠告渐行渐远。此外，强调个人更高于集体的意识，也迫使人们"寻找自我"，培养自我人格。从当时开始，励志书蓬勃兴起。戴尔·卡耐基的《如何赢得友谊并影响他人》（1936）卖出了150万本，拿破仑·希尔的《思考致富》（1937）甚至破了700万本销量大关。其他著名作品有《积极心态的力量》（1952）、《高效能人士的七个习惯》（1989）、《谁动了我的奶酪》（1998）和《秘密》（2006）。还有一些书只关注人的内心和两性

---

[1] Smiles在英语中是"微笑"的意思。——译注

健康，比如《创造生命的奇迹》（1984）和《男人来自火星，女人来自金星》（1992）。斯蒂芬·波特在20世纪四五十年代的作品《套路》和《胜人一筹》中对这些励志书籍进行了嘲讽，而前些年的《BJ单身日记》系列小说也对此不屑一顾。

励志书也许是现代社会的发明，但在古代世界中也不是没有先祖可溯。当时的这些作品常打着哲学的幌子。很多古代文献想通过保持长寿和应对难免的不幸来追求个人整体的幸福。这些书主要是由富裕阶层撰写，也是给富人看的，因为他们才有精力沉浸于这种沉思中。我在各章评述里已详细提供了很多较重要的文献，最主要的就是西塞罗和塞内加的作品，奥维德的著作也对提升情感生活提出了很多建议。还可以在谚语和寓言中找到一些更大众化的实用智慧，特蕾莎·摩根（Teresa Morgan）在《罗马帝国早期的普遍道德观》（*Popular Morality in the Early Roman Empire*, 2007）中就对以上文献做了分析。

若要寻找原始文献的优秀译本，可以参考洛布古典丛书（Loeb Classical Library）[①]。以下所列是一般性的资料汇编：

Lewis, N. and Reinhold, M. (eds), *Roman*

[①] 这是1912年开始出版的一套丛书，收录了中世纪前用希腊文或拉丁文写作的西方古典作品，均有希英或拉英对照。——译注

Civilization: A Sourcebook (Harper & Row, 1966).

Parkin, T. G. and Pomeroy, A. J., *Roman Social History: A Sourcebook* (Routledge, 2007).

Shelton, J., *As the Romans Did: A Sourcebook in Roman Social History* (Oxford University Press, 1998).

最近出版的介绍罗马历史的最佳作品，当属玛丽·比尔德的《罗马元老院与人民》和克里斯多弗·凯莉（Christopher Kelly）的《罗马帝国：极简介绍》(*The Roman Empire: A Very Short Introduction*, 2006)。鄙人的《古代世界》(*The Ancient World*, 2015) 也许也会对读者有所帮助。

若对罗马人的情感生活感兴趣，请参考：

Kaster, R.A., *Emotion, Restraint, and Community in Ancient Rome* (Oxford University Press, 2005).

想要一探罗马妇女在家庭情感生活中的角色，请参考：

Richlin, A., "Emotional Work: Lamenting the Roman Dead".

E. Tylawsky and C. Weiss (eds), *Essays in Honor of Gordon Williams: Twenty-five Years at Yale* (H. R. Schwab, 2001), pp. 229–248.

研究工作对于罗马人身份认同的重要性，见

Sandra Joshel, *Work, Identity, and Legal Status at Rome: A Study of the Occupational Inscriptions* (University of Oklahoma Press, 1992)。

古代的性观念与现代西方存在着深刻的差异,若要寻找更多有趣的第一手资料,见 Johnson, M. and Ryan, T., *Sexuality in Greek and Roman Society and Literature: A Sourcebook* (Routledge, 2005)。

关于同性恋的文献,见 Hubbard, T. K., *Homosexuality in Greece and Rome: A Sourcebook of Basic Documents* (University of California Press, 2003)。

而若想更细致探究这一主题,见 Williams, C. A., *Roman Homosexuality: Ideologies of Masculinity in Classical Antiquity* (Oxford University Press, 1999)。

家庭文献汇编,见 Gardener, J., *The Roman Household: A Sourcebook* (Routledge, 1991)。

Judith Evans Grubbs, *Women and the Law in the Roman Empire: A Sourcebook on Marriage, Divorce and Widowhood* (Routledge, 2002).

若想深入探究罗马竞技赛,最好的就是翻阅收录原始文献译本的资料汇编,如 Alison Futrell, *The Roman Games: A Sourcebook* (Blackwell, 2006),这本书提供了很多有趣的文献,还配有信息量大、颇具启发性的评述。我自己对此也写了一部入门性的指南,即《康茂德杀死犀牛的这一天：罗马竞技比赛面面观》。玛丽·比尔德的《庞贝：一座罗马城市的生与死》中，"娱乐与竞技"一章对了解当时的壮观赛事很有帮助。若对普通罗马人的生活感兴趣，可以看我所写的《古罗马流行文化》。更多有用的资料，见 Cooley, A. E. and Cooley, M. G. L., *Pompeii and Herculaneum: A Sourcebook* (Routledge, 2014)。拙作《古罗马休闲娱乐》(*Leisure in Ancient Rome*) 对于休闲在罗马社会文化中的重要性也做了整体探究。

古代医学的作家们数量庞大，文献蔚为大观。罗马医生盖伦就是一位多产的作家，19世纪出版的一本他的著作竟多达两万多页。对此书的节选翻译，见 Singer, P. N., *Galen: selected works* (Oxford University Press, 1997)。有关古代医药的绝佳入门书，见 Helen King, *Greek and Roman Medicine* (Bloomsbury, 2013) 和 Vivian Nutton, *Ancient Medicine* (Routledge, 2005)。鄙人的《古罗马流行文化》第二章也对罗马世界的精神健康做了探讨。

有关医学和宗教的密切关系，见 Ogden, D., *Magic, Witchcraft, and Ghosts in the Greek and Roman Worlds: A Sourcebook* (Oxford University Press, 2002)。Barton, T. S., *Power and Knowledge: Astrology,*

Physiognomics, and Medicine under the Roman Empire (University of Michigan Press, 1994).

想要研究罗马宗教，见 Beard, M., North, J. and Price, S., *Religions of Rome* (Cambridge University Press, 1998)。

Rüpke, J., *Religion of the Romans* (Polity, 2007).

有关罗马统治时期埃及魔法文献的译本，见 Betz, H. D. (ed.), *The Greek Magical Papyri in Translation, Including the Demotic Spells* (University of Chicago Press, 1992)。

对其他魔法文献的探讨，见 Gager, J. G. (ed.), *Curse Tablets and Binding Spells from the Ancient World* (Oxford University Press, 1992)。

若想研究古代社会对自杀的态度，请参考 van Hooff, A.J. L., *From Autothanasia to Suicide: Self-Killing in Classical Antiquity* (Routledge, 1990)。

图书在版编目（CIP）数据

回到罗马做主人 . 2 /（英）杰瑞·透纳著；高瑞梓译 . -- 北京：北京联合出版公司，2021.1
ISBN 978-7-5596-4521-0

Ⅰ. ①回… Ⅱ. ①杰… ②高… Ⅲ. ①古罗马—历史 Ⅳ. ①K126

中国版本图书馆CIP数据核字（2020）第161057号
北京市版权局著作权合同登记 图字：01-2019-6958

Release your inner Roman
First published in the UK in 2014 by Profile Books
© Text and commentary Jerry Toner, 2016

Simplified Chinese edition copyright © 2020 by Beijing United Publishing Co., Ltd.
All rights reserved.
本作品中文简体字版权由北京联合出版有限责任公司所有

回到罗马做主人 2

作　　者：[英]杰瑞·透纳（Jerry Toner）
译　　者：高瑞梓
出 品 人：赵红仕
出版监制：刘　凯　马春华
选题策划：联合低音
责任编辑：黄　昕　闻　静
封面设计：何　睦　杨　慧
内文排版：薛丹阳

关注联合低音

北京联合出版公司出版
（北京市西城区德外大街83号楼9层　100088）
北京联合天畅文化传播公司发行
北京华联印刷有限公司印刷　新华书店经销
字数129千字　880毫米×1230毫米　1/32　7.5印张
2021年1月第1版　2021年1月第1次印刷
ISBN 978-7-5596-4521-0
定价：60.00元

版权所有，侵权必究
未经许可，不得以任何方式复制或抄袭本书部分或全部内容
本书若有质量问题，请与本公司图书销售中心联系调换。电话：（010）64258472-800